65 吉本新喜劇 周年記念

official book

65 吉本新喜劇周年記念 official book

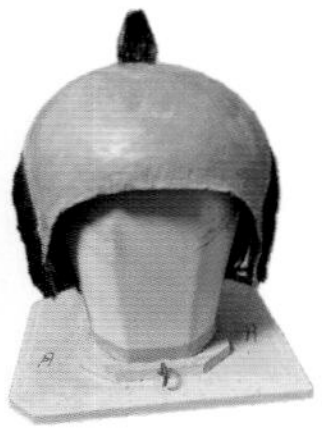

Contents

よしもと

吉本新喜劇は、

1959年3月1日に

「吉本ヴァラエティ」として発足しました。

その基本構想は、

「徹底的なドタバタをやる」

「理屈は抜きにする」

「悪者を出さない」

「物語はシンプルに」

の4点です。

そして2024年、

ついに65周年を迎えた吉本新喜劇。

間寛平GM

すっちー

酒井藍

アキ

吉田裕

の4座長を筆頭に109名が所属。

「なんばグランド花月」「よしもと祇園花月」にて

1年365日上演、

日本一の動員数を誇る喜劇集団です。

1人のGMと4人の座長

1 General Manager
&
4 Chairperson

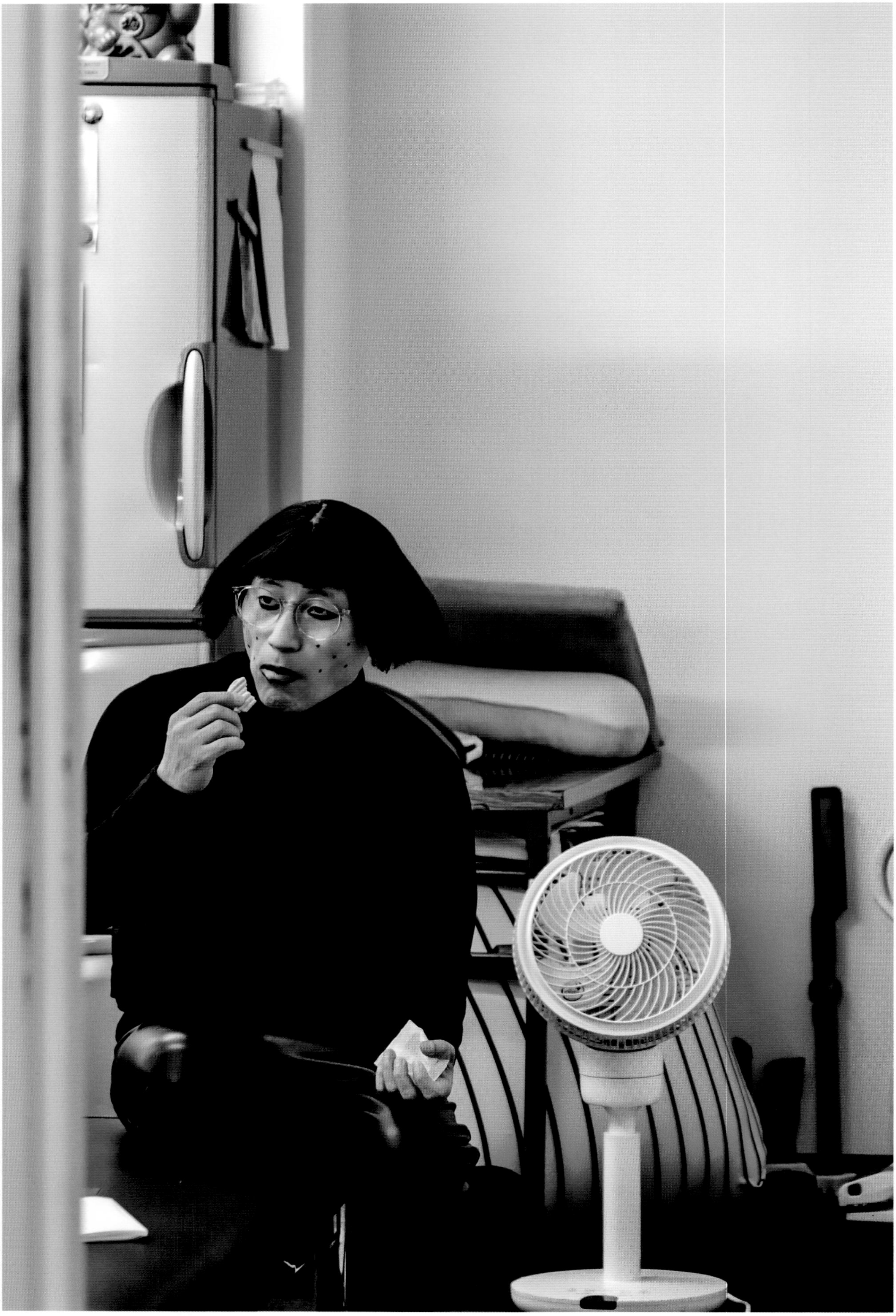

座長 すっちー

座長 酒井藍

座長 アキ

座長 吉田裕

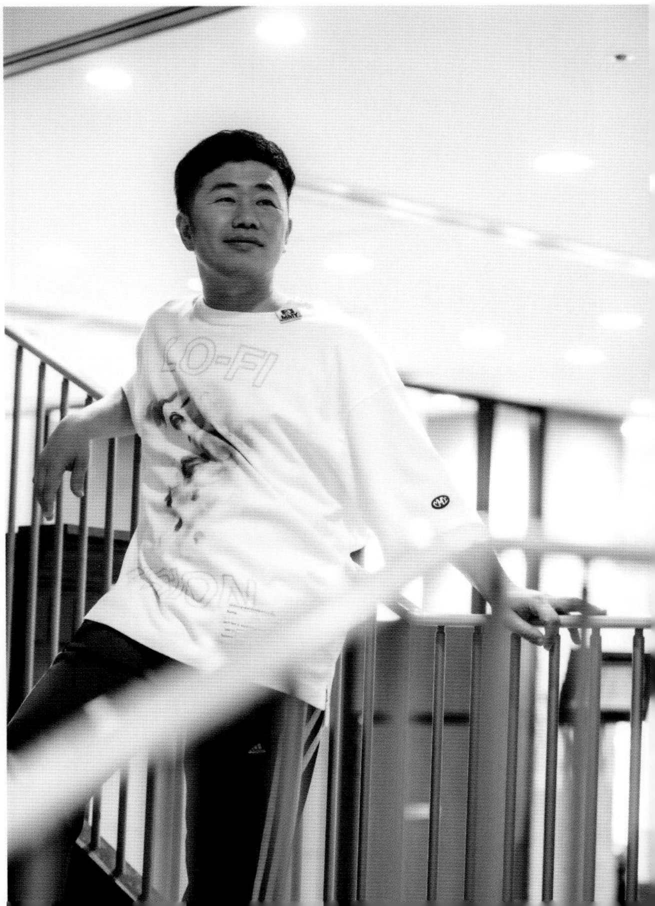

GM 間寛平

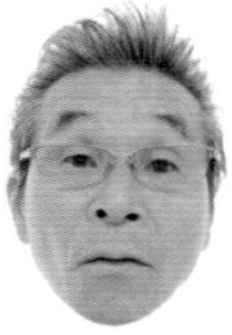

間寛平

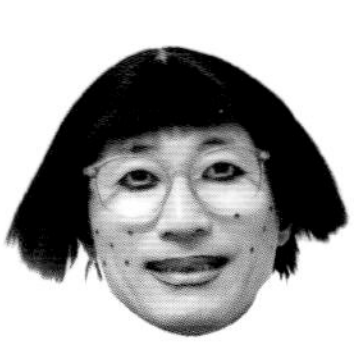

すっちー

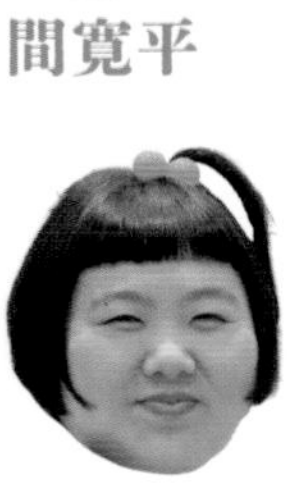

酒井藍

1人のGMと4人の座長に聞きました

15のいちばん！Q&A

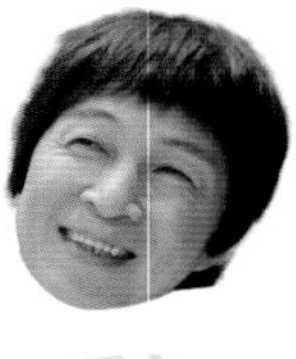

アキ

吉田裕

ガシィ

Q GM・座長としていちばん気をつけていること

新喜劇というのは、まずはやっぱりお芝居ですから、まっすぐちゃんとしたお話をつくれるかどうかが大事。そのお話の中で座員たちがボケたりするわけですから、話が曲がっていたらボケにくいし、芝居もしにくい。それだけはないように。

たくさんの座員がいるので、とにかく座員同士のコミュニケーションの取り方には気をつけています。「お？」と思うことがあったら、すぐその場で聞いてあげたりね。

毎回同じ舞台にならないように心がけていますね。1週間の公演中に何度も来てくださるファンの方もおられるし、舞台上で新しい何かをひとつ足すだけでも周りの座員がどんどん反応してくれる。それは自分やみんなの成長にもつながっていくことなので。

座員みなさんの体調や心の状態です。稽古中でも「今どうかな」「大丈夫かな」というのは見ていきます。やっぱり元気にニコニコ絶好調で舞台に立つのがいちばんいいものになると思うので。

冷静になること。僕は優しい家族のもとで育ったのもあって、情が移りやすいんです。舞台にまつわることであまり情を入れると好き嫌いになってしまうでしょ。舞台では冷静に、ときには鬼にならんと…というのが、難しいからこそ僕のテーマですね。

アヘアヘ〜

アッハハハハ

Q GM・座長としていちばん楽しい瞬間

「今回の舞台はこれやな」と考えて仕掛けたところがちゃんとウケたり、若手がバチッとハマったときがうれしい。いつもどおりにやって普通にウケるのも大事ですけど、挑戦して仕掛けた部分がハマると気持ちいいんです。

舞台が終わった後の楽屋で「良かったな〜」という感じでみんながいい顔をしてるのいちばん。昔は自分がウケるのが楽しかったけど、今はそうじゃない。「こいつ大丈夫やろか」というような若い子がドキドキしながら舞台に出て、うまいことやり遂げてよかったよかった〜って。それがいちばん楽しい。

お客さんの笑い声が聞こえた瞬間です。お客さんに向けてやってることなので、その反応が返ってくるというのは、やってきたことが間違ってなかったなって思えます。

千秋楽の舞台の後、舞台上で三本締めをしてるんですけど、ファンの人らもそれをわかってて、客席からたくさんの拍手をしてくれるんです。もう緞帳（どんちょう）が閉まってるのに。ただ、それに慣れちゃって、拍手のない日は「今回は面白くなかったんかな……」と心配になってしまうこともあります（笑）。

お客さんも含めてみんなが一体になる瞬間があるんです。ちょっとしたアクシデントがあってもみんなで乗り越えられた日とか。あとは、新喜劇の幕が開く瞬間の音楽を聞くのは今でもうれしい。新喜劇に入りたいと思っていた頃、客席でずっと聞いてた音楽ですけど、幕の中で聞くとまた特別で、いまだに緊張とともに感動します。

わあーん

Q GM・座長として いちばん 苦労するところ

「あぁ疲れた、足パンパンや〜」と思うことはありますけど、苦労とか大変だと思うことはないんです。大好きな新喜劇で座長までやらせていただいてるわけですし。座員のみなさんを信頼して任せられているというのもありますね。パンパンになった足は、田中みな実さんが使っているというオイルでマッサージしてます。足細くなれ〜って思いながら（笑）。

ある程度キャリアのある座員にはどういう言い方したら上手く伝わるかな？って悩みますね（笑）。そこは難しいね。

形があるようでないような、ふわっとしたものを形にしていくゼロからイチにする作業が大変。漫画や映画や日常生活で得たものから自由に発想を広げることはできるけど、そのすべてを新喜劇の舞台に落とし込めるかというと難しい部分もあるので。

まだ座長として1年目ですから、いちばん苦労することってまだこの先に来ると思うんです。それでもひとつ言うとしたら、座員109人のことをちゃんと把握して、何が合うんかなって芝居をつくっていくのが大変ですね。やっぱりその人のいちばんいい部分を引き出したいですから。

台本をどうしようかって前日ギリギリのマックスまで考えてます。どの座長のどの公演がよかったとか、数字にはっきり出ますし、僕らは命をかけてやってます。なんで、「早めに台本欲しいなぁ…」というタイプの裏方さんにはどう思われてるかなぁ。僕は結構、顔に出るタイプですし（笑）。

Q いちばんひと言 言ってやりたい座員

ズキューン

新喜劇全体に向けて意識改革！ですね。漫才でもコントでも吉本には腕の立つやつがいっぱいいて、それでも辞めていく姿を山ほど見てきました。僕も東京にいる頃から、少ない席取りゲームを勝ち抜いていくという危機感が半端なかったです。新喜劇はそこまで厳しくないとは思うけど、やっぱり実力社会やからね…。

吉田裕ですね。がんばってるとは思いますけど、もっと努力してほしい！ 彼がいたからこそ僕も座長になれたところがあるんですけど、互いに座長になった今では一緒に出ることがほとんどないので。ああしたらこうしたらと言う機会もないし、折角やからここで言うときます（笑）。

湯澤花梨ちゃんは最新情報とかトレンドをいつも教えてくれてありがたい存在。けど、彼女は写真を撮る時にアプリで顔をネコにしてぶつぶつのラメだらけになるフィルターをめっちゃ使うんです。せっかくかわいい顔やのに、それの何がいいん!?

今日も出番いっしょやった音羽一憲君は、たった1着の黒のエアリズムをずっと着倒してるんです。本人はまだいけるって言うけど、もうテロンテロンで。いい加減に買い換えろと言ってやりたいですね。

いやぁ〜。誰にどうと言うことはないかなあ。その場その場で解決してますからね。

Q いちばんこれからの 大化けが楽しみな座員

多和田（上人）、けんたくんかな。僕も吉本で33年、その前に東映太秦のスタントで2年もまれてきて、結局言えるのは素直さが大事だってこと。素直じゃないと伸びしろも少ないんです。歌舞伎役者の人も言ってましたけど、"人が人を見て、人が人に対して時間とお金を使ってくれるんだよ"って。やっぱり人間力なんですね。

僕はツッコミの座長なんで、後輩でボケの子が上がってくるのが理想的で。レイチェルは、昔から切磋琢磨してきた後輩で、今もずっと努力をしているので、大化けしてスターになれるように、これからも一緒にがんばっていきたいですね。

若手も中堅もベテランさんもみんなまだまだ可能性を秘めているんですよ。舞台上でいつもと違うフリをすると、今までなかったような返しがあったりして。私もいつもびっくりしてるので、お客さんもまばたきせずに見といてください！

大化けというのではなく、意外とこの子は…!? という点ではおやどまりかな。自分に自信を持てない性格だったのが、ちょっとずつ自信をつけてきたなという感じもして。座長としては誰がいいとか言うのは難しいところもありますね〜。

秘蔵っ子から出てきたらいいなと思ってます。笑いの取り方でも、新しい世代はなんや僕らの頃とは違うよね。僕らはしつこいやんか（笑）。ねちっこく、いつまでやってんのって感じやけど（笑）。新しい世代はラップとか音楽も取り入れていてこれからが楽しみ。

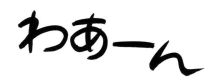

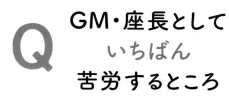

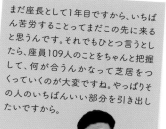

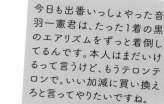

1人のGMと4人の座長に聞きました

15のいちばん！ Q&A

しみけん（清水けんじ）の才能はやばいですね。台本なしで2人で1時間とかやりたいなって本人にも言うてるんです。それだけでも面白ワードとかいっぱい回収できると思います。あんな子は他にいないな。

今日はちょっと飲みたいな、というときに連絡したら絶対に来てくれるのが瀧見信行。「たまたま空いてました」っていつも言うてくるので、もうそれも無視してますけど（笑）。飲みすぎてしまうので、すっちーさんには「もう、おまえらつるむな。何もええことないやろ」ってよう怒られてます。

やっぱり松浦真也かな。なんでもない場面でもギターをちょっと弾くだけで空気を変えられるし、ネタもできるし。人間的には無茶苦茶な部分もありますけど（笑）、なんか持ってるんですよ。こないだも完全プライベートで広島の大和ミュージアムに奥さんと行ったら、たまたま30万人目の観覧者に選ばれてニュース記事になってましたからね（笑）。

Q いちばんいざというときに頼りにしている座員

ドン

特定のこの人というよりは、そのときどきにお任せした座員みなさんの役柄に助けていただいてます。上も下も頼もしい人ばかりで、みなさんこれからもよろしくお願いします！ という気持ちです。

僕はツッコミの人さえいてくれたら、なんとでもできる。だから、ツッコミがひとりもおらんかったら、ちょっとピンチ（笑）。

日に日に体がかたくなってること。僕の場合、着信音鳴ったらマイケル・ジャクソン踊ったり、激しい殺陣をやったりとかもあるんで、このままやったらいつか大怪我するぞ、と…。ちゃんとトレーニングせなあかんなと思います。

ないですね。しいて言うなら、疲れてきたらヘルペスができることかな。

シクシク

ちょっと太ってきたんですよ。服を脱いだらベルトの上にお腹が明らかに乗ってるので…。座長になって出番が月に4週から月に2週になったのもあるかもしれませんけど、「座長なってラクしとんかい！」って思われるのも嫌なんで、なんとかしたいですね。

Q 近ごろいちばん悩んでいること

自分のプライベートよりも新喜劇というチームをどうしていくか。そのことばっかり考えてます。

家の中ってなんでこんなにもホコリ出るんやろって。拭いても拭いても取っても取っても…この髪の毛もどこから落ちてきたん！ってめっちゃ腹立ちます。だから、見て見ぬフリして過ごすこともありますね。

15のいちばん！

Q&A

ドキドキ

Q 近ごろいちばん欲しいもの

自分があと3人欲しい。今でもやりたいことがいろいろ多すぎて。

欲しいものはなんにもないね。僕にはもう最高のええ嫁がいてるから（笑）。

キャンプにハマってるんですけど、座員みんなと一緒に行けるような大きなテントが欲しいです。自然の中にいるとやっぱりデトックスというのか、すごく気持ちいいですね。

お米をすごくおいしく炊ける炊飯器。大好きな出汁ふりかけがあって、どんなお米でも玄米でもおいしくなるんです。これをさらに、いちばんおいしく食べるためにも、最高の炊飯器を教えてほしいです。

リビングからガラス張りで車が見えるようなガレージハウス。車が汚れることもないし、車を見ながら酒も飲めますし。ほんまに実現したいというよりは、ええな～とずっと夢見てる感じ。

キャーッ

Q 近ごろいちばんお金を使ってしまうこと

旅ですね。北海道でも沖縄でも海外でもしょっちゅう行きたい。バカンス的なことじゃなくて、もっと世界のいろんなことを見たいから。借金してでも旅には行っときたいね。

僕、あまり趣味ってないんですよ。けど、いざ60代になって落ち着いてきたときに、そこから趣味を始めようと思ってもきっと動けないから、ラジコンかなと。好きなラジコンを好きな車の後ろに載せて…というのをやりたくて、先に欲しかった車を買ったんです。内装や色もカスタムして。注文して納車まで5か月かかったけど、その間ももうすぐ車が届くと思ったらいろんなことが平気に過ごせました。やっぱり趣味って大事やなって。車？ ハイラックスサーフです。

甥っ子がふたりいて、とにかく好かれたすぎるから、ふたりのためならなんぼでも使えます。けど、ほんとに子どもの心がわからなくて。シールが好きって言ってたはずやのに、シールを買っていったらもう違うものに興味があったりして…。

これまで乗ってたプリウスをアルファードに買い替えて、これは家族用に。それとは別に『バンデンプラス プリンセス』という50年前のイギリスの車を買ったんです。「私は乗らんで」と言ってる嫁からしたら、絶対にいらないものなんですけど…その車があるだけ、見てるだけでうれしくなります。

地方競馬。園田、笠松、大井、金沢…って現地まで行くんです。で、結構、馬券も買ってしまう。僕らが買わんと馬もエラい目にあってまうやろ？

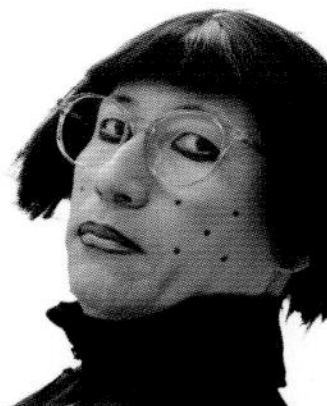

Q いちばんのストレス解消法

今は車に乗ってるときがいちばんですね。車に乗ってるときの自分のことも好きで。やっぱり自分がめっちゃ楽しんでるから。

ストレスがたまることはないんですけど、座員のみなさんが近くにいるので一緒にご飯やカラオケに行くと、心が安らぎます。まるで家族みたい。あとは、奈良の実家に帰ること。生駒のトンネル抜けて奈良に入った瞬間に空気がワァーっと変わるんですよ。

キャンプに行って焚き火の火をずっと見てるのが楽しい。ただただ火を見てるって言うと、なんか疲れてるん？って思われがちですけど（笑）。

マラソンです。嫌なことがあったらとにかく走って汗かいて。園田競馬場はうちから15kmくらいなんで、走って行くこともあります。で、負けて、また走って帰る…。途中で「あ～しんど」ってなったら、嫁に電話入れて迎えに来てもらいます。

キャンプかな。雨の中や氷点下でのキャンプも体験したけど、月1くらいで行ってます。

あははは

Q いちばん笑ったエピソード

タックルながい。を営業先でまあまあの役に抜擢したら、テンパってしまって、その場にないようなセリフを言ってしまって。よほど悔しかったんでしょうね、あの屈強な男が舞台上で泣きよったんです。舞台に一生懸命やからこそやし、笑ったらあかんのですけど、笑わせる仕事してる人が舞台で泣くってやっぱり面白い出来事で。

桑原(和男)師匠が亡くなる20日くらい前かな、たまたまやなぎ(浩二)師匠といっしょにお見舞いに行くことになったんです。桑原師匠はもうほとんど意識がなくて、けど、握力だけはすごくて、もう帰るねと言ったら「行かんとってくれ」という感じで手を握って離さない。次にやなぎ師匠も手を握られたんやけど、何かのスイッチが入ったのか、やなぎ師匠が両手で思いっきり桑原師匠の手をぐぅと握り返して。意地なのか、負けず嫌いなのかわからないですけど。そしたら桑原師匠の手がすうっと引いていった。その場面を時々思い出します。

韓国料理店で「あ、なんかテレビで見たことあります。ユ・ヘジンさんですよね?」って言われて。誰やねんと思ってたんですけど、新喜劇のYouTubeに2PMのチャンソンさんが来てくれたときにその話をしたら、「似てる似てる!」ってめっちゃ笑いがとれました。大人気の個性派俳優なんですってね。

座員全員の写真をおやどまりくんに撮ってもらって展覧会をやったんですけど、足の速い伊丹祐貴くんを撮影するとき、お願いしたらめっちゃきれいなフォームで躊躇なくずっと走ってくれて。もう、跳ねるように。その様子も面白かったけど、実はそこ絶対に走ったらあかん場所やったらしくて、その写真を一切使えなくて。あんなきれいなフォームでずっと走ってくれたのに…って泣きながら笑いました。

やっぱり自分のことやね。「いまだに新喜劇でようやってるわ」とか、「何考えてるねん、アホちゃうか」とか…自分のやってることに笑ってしまう。

ギャアァ

自分の手に持ったものをすぐに落としてしまうんです。呪われてるんかなってくらい。落ちるんちゃうかな、落ちそうやなって自分でもわかってるんですよ。わかってるのに、それでもやっぱり落ちてしまう。握力は強いほうやと思うんですけど…。わかってて改善できない、あまりにズボラな自分に嘆いてます。

うちに2歳の子がいて、ちょうどイヤイヤ期なんですけど、見たものを真似するんです。僕が出てる新喜劇のYouTubeを見せてからは、ドリル棒に似たやつで僕をたたいてきて。けど、やっぱり教育上、人をたたくのはまずいので、その棒を取り上げたんですけど、なんか切なかったです。

Q いちばん嘆いたエピソード

僕は自分では失敗しないタイプやと思ってるんです。それが、こないだ車で高速に乗ろうとしたら、ゲートの前で止まってしまって。ETCカードを入れ忘れてたんです。後ろの車も動けなくなって、ちょっとこっちを見て舌打ちしながら僕の車をよけていくって状況で。いつもは「なんでそんな失敗するの」って見てる側やったのにね。

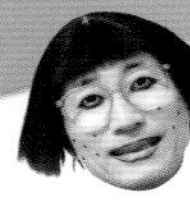

嘆くといえば、座員の奥重(敦史)くん。80%はスベるし、90%のセリフはお客さんに届かない。切ないんです。けど、彼は早めに楽屋に入って、先輩ヅラもせずに自分で掃除したりもして。「そんだけはよ来たら、ボケもたくさん浮かぶやろな」ってちょっと嫌味っぽく言ってみたら、「そんなん言わんといてください!緊張しますやん!」ってほんまに緊張して、しっかりスベる。あの切なさ、面白さ…100席までの小さな舞台やったら伝わるんですけどね(笑)。

特にないかもしらんですね。というのも、子どもが「サインちょうだい」って来たらどうぞどうぞってサインするし、毎日、家を出るときには「今日も1日素直にがんばります」って神さまに頼んでるんです。そしたら、たとえ車が強引に幅寄せしてきても、どうぞどうぞって思えるんですよ。

もともとガソリンスタンドで働いてたこともあって、車にガソリン入れてる時間が好きです。車がごくごく栄養を飲んでる感じが愛おしくて。花に水やりする感覚に近いかもしれませんね。

家に1人でいると、何するということもなくぼーっと過ごしてしまうんです。明日は早いからっていう夜でも、ただ椅子に座って前見てるだけ、とか。そういう無駄な時間は、結構きらいじゃないです。

まじで運動しようと思ってボクシングジムに通い始めました。月4回。まだ体がついていかないけど、ミット打ちとかもさせてもらって、これがやっぱり楽しい。

方競馬を見てるときやね。10歳～2歳の馬がまだ走ってるねんで。ほんで園田とか行ったら、客席にひとりでずっと陣取ってるおっさんがいて、ぼーっとしてる。座って見てるだけやねん。馬券も買ってない。人間やな～と思う。一生懸命生きてはるわって。全部含めていいね。

総合格闘技、ボクシング、柔道…の試合を見てるときは、いまだにワクワクします。けど、井上尚弥選手だとか、強くてかっこいい選手が負けるところは絶対に見たくないんです。五味(隆典)選手でもヒョードルでも、すごく好きやったけど、負け始めたら見れなくなった。好きな選手が負けると自分も傷つくから…。

ドキドキ

Q いちばん好きな時間

ワーッ

Q 新喜劇にまつわるいちばん古い記憶

「リモコン貸してくれる?」が生まれたときのこと。東京の新喜劇でうどん屋のセット、座長は石田(靖)さんやったかな。まだ「いぃよぉ～」も誕生してないときに、細かいことは何も決めずに、舞台に出たときの感覚だけで動いてたので、何を言うかも決まってなかったけど、その場で「リモコン貸してくれる?」って出たんです。それがすごくヒットして、その後、水玉れっぷう隊のネタにもしました。頭で考えても思いつくようなことじゃないけど、そんなもんなんですよね。

出始めた頃ってお客さんに名前を覚えていただくのに時間がかかるんです。それで池乃めだか師匠が、印象付けるために僕のことをコウモリに似てるな～ってしばらく言ってくれてたんです。髪の毛も今より長くてちょっと似てなくもなかったけど、これがまったくウケなくて(笑)。それでも3か月くらいは言ってくれて、その後はぴたっと言われなくなりました。それはめっちゃうれしかったですね。

初舞台のときから吉田裕と刑事役で出てるんです。すごく小さな指名手配の手配書を出して「ちっちゃ!」とか、下手くそな似顔絵を出して「下手やな～」って言うような、小道具に頼ってはスベってました。今の若手が物に頼って何かやろうとするのを見て、そんな細かいことやってもあかんで、とか思うけど、自分も通ってきた道なんですよね。

入ってまだセリフもない頃の出番は、下手から上手に歩いていくだけの役でした。けど、ベンチにけつまづいてボテっとコケてゴロゴロゴロっと転がったりとか、履いてる雪駄にヒモを付けといて、それで雪駄を客席にピャッと飛ばしてみたりとか。みんなは普通に歩くだけのところで、僕はそんなことをやってました。ウケると先輩も注意できないんですよ。だから、今の若手にもどんどんやりなさいとけしかけてます。

金の卵オーディションに合格して初めて座員のみなさんに挨拶する日のこと。それまで私は芸人でも何でもなかったのもあって、めっちゃ緊張してどんな自己紹介したのかも覚えてないんですけど、挨拶を終えてみなさんを送り出すときに、浅香あき恵姉さんだけが「バイビ～」って出ていかれて。特になんの気なしに言われたことだと思いますけど、それで緊張の糸がほぐれて。私も今では「バイビ～」って使わせてもうてます。

Q これからの新喜劇にいちばん期待すること

私は、ワハハと笑って、悲しいところもあるけど、最後はまた笑って終わるという人情喜劇が小さな頃から大好きで新喜劇に入ったんです。そうやってちびっ子がワクワクして、いつかは新喜劇に入りたいと思ってくれるような舞台をいつまでもつくっていきたいです。

ノンバーバルのショウをラスベガスやニューヨークで見たときに、いろんな国や人種のお客さんが入って、誰もが大笑いしてたんです。それを見たときに涙が止まらなくなって。めっちゃええやんって。M-1をはじめ、日本のお笑いってすごいレベルなんだから、絶対、世界に通用するはずで。ノンバーバルな吉本新喜劇を確立させて、ぜひ世界で勝負したいですね。

新喜劇が時代とともに変わっていくところ
あるでしょうけど、根底にある「日常のお
居」というのは変わらないと思います。そこ
は大事にしながら、お客さんのそばにある
新喜劇であり続けられるよう、先輩たちから
受け継いだバトンを渡していきたいです。

新喜劇ファンの出待ちが山ほどいて、若い座員とかが帰るときにキャーキャー言われるような状況にしたいですね。僕もいつまでもできるわけじゃないけど、それが僕の夢。なんとか叶えてから引退したいね。

コロナ禍を経ていちばん感じたのは、やっぱり生で見ることの価値。みんなで同じ空間で目の前で起こってるものを見るって、いろんなコンテンツが増えてきても、結局、それに敵うものはないんやなって。だから、新喜劇も劇場がいちばん面白いと思ってもらいたいし、劇場ももっと増えたらいい。そのためには座員の数もクオリティーももっともっと上げていきたいですね。

1人のGMと4人の座長に聞きました

15のいちばん! Q&A

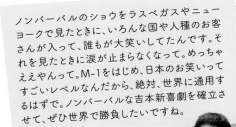

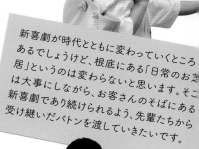

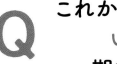

藤山直美 × 酒井藍

新喜劇対談01

女芸人ということ

酒井藍のトレードマーク、桃色のチークが本日は高発色なり。なぜなら憧れの人「喜劇の女王・藤山直美」が目の前にいるのだから。喜劇役者という笑いの花道をゆくオンナふたりが顔を合わせれば、笑いあり、ホロリとくる「お姉さんの優しい助言」あり、の人情味あふれる対談となりました。

憧れの藤山直美さんが「ブ〜ブ〜」してくれた！

藤山　わたし、藍ちゃんのこと大好きやねん。はじめて会った時、かわいい子やなぁ、愛らしい子やなぁ、って思いましたもん。

酒井　（ハイヒール）モモコ姉さんとお食事される時に誘っていただいて……。

藤山　モモちゃんがね、わたしと吉本の芸人さんとの〝仲人〟で、いろんな人と会わせてくれはりますねん。こう見えても人見知りなところがあるから。ある時ね、モモちゃんが「お姉さん、藍ちゃん誘っていいですか」って言うから、ほんまかいな！ 誘って誘って！ って。それで、頭の中にパッと藍ちゃんの姿が浮かびますよね。「……財布の中身、足りるかなぁ」って（笑）。

酒井　いやいや！

藤山　でも思ってるよりかは小食で。そしてほんと、お行儀のいい方でね。

酒井　これ、もう10年以上も前の話なんです。それを覚えてくださってるのが感動です。

藤山　だって大好きなんやもん。藍ちゃんが出演する木曜日の『よ〜いドン！』（関西テレビ）もいつも見てるねん。せやけど月亭八光のコメントがつまらんやろ（笑）。あと、八光は着てるTシャツがあかん。って、これは親戚みたいに思ってるからこそ言えるねんけど。

藤山直美があらためて語る 新喜劇の魅力と人間力

酒井　今日はお姉さんとお会いできるということで緊張しまくってたんですけど、こうやって人を緊張させない魔法みたいなものを使ってくれるんですよ。はじめてお会いした時も、あの藤山直美さんが「ブ〜ブ〜、ブ〜ブ〜」をやってくださって。その時のわたしなんて、まだ3年目か4年目の座員。びっくりしちゃって。

藤山　吉本新喜劇は好きでずっと観てるから。子役時代には何度か出演もさせてもらいました。わたしが小学校入学前やから、1964年とかそれぐらいやったと思います。当時の座長は平参平さん。うちの父親も「あ〜いそがし」って谷茂（谷しげる）さんのギャグしながら家の中を歩いてはったし。松竹新喜劇と吉本新喜劇の対立なんてないです。子どもの時から、そして今も、土曜日の昼はテレビで吉本新喜劇を観てるし、吉本新喜劇はずっと生活の中にあるものですよ。

吉本新喜劇の行儀のいい嫉妬が人を育てるんやろうね

藤山　それにしても吉本新喜劇がすごいのは、座員の名前でお芝居をしてることやね。普通は役名を付けて、その名前で呼び合うやん。吉本新喜劇の場合は、座員の名前を世間の人に覚えてもらおうとしてる。こんなやり方、誰が考えはったんやろうね。さらにわたしがすごいなぁと思うのは、一座の人がさ、先輩も後輩も関係なく、「今、この人のためにこれやってあげよう」っていう気持ちがすごいやん。伊賀健二さんが前を通過したら「ファーーン」って、そこから新幹線ネタの集団芸がはじまる。あの度量はすごいね。そら、人が育つわ。藍ちゃんも「押し上げてもらった」という気持ちになるでしょう？

酒井　もう、それはそうです。みなさんに助けていただいたし、いろいろ教えていただいて。小籔（千豊）兄さんが座長のお芝居では、台本の中に「ここは自分で考えなさい」という場所があって、ボケる機会を与えてくださったりして。

藤山　出る釘は打たれるってよう言いますやん。でも、吉本新喜劇のみなさんは「潰したろうか」とはならへん。「アイツばっかりウケやがって」っていう感情なんかも、舞台観てて感じへんもんね。むしろ裏で「お前、なんか特技ないんか？ なんかできへんのか？」って、先輩方が言うてるんやろうなと思う。その武器が自分より勝ってることもあると思う。それをウェルカムとするのが、すごいところ。だから吉本新喜劇にあるのは〝行儀のいい嫉妬〟やね。

酒井　先輩が多いというのは、わたしにとって大きかったかもしれません。わたしの座長公演で、新喜劇の定番ボケをわたしがどうしてもやってみたかったんです。わたしがボケで（池乃）めだか師匠がツッコミ、これでやらせていただきたいとお願いして。すると師匠が舞台袖で言うんです。「藍ちゃん、俺なぁ、実はな、今まで新喜劇にいてボケしかやったことないねん。ツッコミやったことないから、俺的にまだ百点が出てないねん。もっとこうしてとか言ってなぁ」って。あれだけのレジェンドが、そうやって歩み寄ってくださるんですよ。内場（勝則）兄さんもボケを毎回変えて楽しんでくださってる。「こんなんせえへん、イヤや！」と言われる先輩はいないです。

藤山　その感じは舞台を観ててもわかる。次の人を育てようと、みんなが思ってるって。「しゃしぃしゅしぇしょ」の人も、ほんとにね、先輩に感謝せなあかんと思う。

酒井　諸見里（大介）さんですね（笑）。

藤山　わたしらがやってる芝居の世界でいうたら、滑舌の悪い人はダメですよとなるけど、吉本新喜劇やと違うねん。これ活かしましょう、やから。しゃしぃしゅしぇしょの人は面白いねん。出てくるだけで笑えるもん。

酒井　これだけ知ってくださってるって、すごいです。お忙しいのに、いつ観てはるんですか（笑）。

藤山　まだ若い藍ちゃんが座長になられたというのは、これは藍ちゃんの人間性やと思う。もちろん藍ちゃんは座長になる前からバラエティーでちゃんとお顔が売れてるし、人気もあるし、知名度もあるし、面積もあるし。

酒井　ハハハハ！

藤山　面積って、存在の面積よ？ とにかく座長になった時に「座長になったからってお前になにがわかるねん」みたいなことを言ってくる先輩じゃなくて、力を貸そうとする先輩がいたっていうのも、この方のお人柄あってこそやと思う。わたしだって藍ちゃんのやりたいことやったら聞いてあげたい！ って思うもん。

酒井　そのお言葉だけで嬉しすぎます。

藤山　吉本新喜劇のすごいところをまだ言うとね、何分かに1回、わぁっと笑わせてくれるから楽しい。それでいて芝居として成立してるねん。泣けたりするねん。この頃は特に、うっ…とくる芝居をしはる。話の筋を大事にするように変わってきた。人間の書いてるホン（脚本）やなと。

別に勉強してるんと
ちゃいますねん。
本能でお笑いが好きですねん。
まだ肋骨きしんだことがないので（笑）
もっと経験しないと
いけないですね。

酒井　えっ……すごいです。確かに、おのおの座長がちゃんとお話を大事に作ろうと意識してるんだと思います。わたし自身は、新喜劇のはじまりの頃というか、人情のある昔の新喜劇が好きなので、そういうものをやりたいなと思ってるところがあって。それをお姉さんに見透かされてたんや……。

お姉さんの毛穴まで見たいから、舞台は7列目の席で

酒井　わたし、お姉さんの舞台をこっそり観に行ってるんです。憧れの方なので、もう顔が見たくて前のほうの席を取りたいんですね。でも、内場兄さんや伊賀兄さん、吉本新喜劇のお兄さんたちが出演されることも多いので、「1列目に知ってるヤツおる」では申し訳ないと思って、いつもだいたい7列目に座ってるんですけど。

藤山　内々では「今日、藍ちゃん来てたよ」とザワザワしてるけどね。

酒井　お姉さんの表情がすごすぎる、表情の作り方が1秒ずつ違う。だから前列で観劇したいんですよね。もはや毛穴まで見たいんですよ。

藤山　毛穴って、エステティシャンみたいに（笑）。あのね、吉本新喜劇の方がわたしの舞台に出てくれはると、芝居を際立たせてくれます。それで、これはみんな見習わなあかんと思うのが、口跡がええねん。声がいい。「一声、二顔、三姿」と言います。まずは声でお客さんを振り向かせる、その素養を座員の方は持ってはる。めだか兄さんの声も芯があるから、大きい劇場でよく通るねん。めだか兄さんはカラオケ好きらしいね？

役者の人柄、座長の器。笑いのかげにあるもの

らっしゃいました、座員を連れて。NGK（なんばグランド花月）の向かいにちょうどカラオケ屋さんがありまして。

藤山　合間に行くって、どれだけ好きなん！　まぁ、元気な秘訣かもしれへんね。伊賀さんも絡め取るような声してはって、その声は助かります。

酒井　伊賀兄さんが言われてたんです。新喜劇でやってるネタを、お姉さんは稽古中にうまいことお芝居に入れてくださるねん、と。気配り目配りがいつもすごすぎるって。

藤山　だって伊賀さんに出ていただく意味ないやん。でも、芝居のためにリサーチしてるとか、そういうのはない。リサーチせんでもわたしずっと吉本新喜劇観てるもん。ＹｏｕＴｕｂｅで漫才も観るし。あのスーパーマラドーナの田中っちゅうのは面白いね。「テッテレ～！」が。

酒井　めちゃくちゃくわしい！　全方向のお笑いを観てはるということですよね？

藤山　別に勉強してるんとちゃいますねん。本能でお笑いが好きですねん。

酒井　お姉さんの舞台を観に行かせてもらうと、劇場では若い人も笑ってるしご年配も笑ってる。それって理想というか。お姉さんってきっとスポンジみたいな方で、その時代のものを吸収して、舞台で自然とやってはるんやろうな。だからいろんな世代を笑わせることができるん

お姉さんみたいなお芝居、どうやったらできるんですか

藤山　藍ちゃんが座長になった時、まぁ女の人で座長は大変やろなぁとは思ったけど、でもやっぱり「座長の器」っていうのがあってね。藍ちゃんにはそれがあったんやと思いますよ。座長になれる人に備わってる力、それは努力です。笑いとかギャグとか人柄で覆ってるけど、その中にある芯は、努力しかないです。なんもしてないように見せてただ面白さを際立たせるようにしてるけど、勉強もしてないはずがないから。例えば『ホーム・アローン』を観てても、ひとり笑わんと、画面見つめながら頭の中では違うこと考えてると思う。

酒井　えっ！　また見透かされました。ドラマとかを観てても「これ、使えそうやな」っていう目線になってしまうんですよ。でもね、お姉さん……わたしは器が全然大きくなくて。お姉さんの舞台を観ていつも思うのが、お姉さんは出てきた瞬間から空気を変える。なんにも言葉を発してなくてもです。でもわたしは「こんにちわー！　わたし出てきたでー！」みたいな感じで舞台に出ていっちゃう。

藤山　ええやんなぁ、そんで。出方っていろんな種類があるし、吉本新喜劇の出方っていうのもある。

酒井　でもね、空気を変えるお姉さんを見ると、いつもかっこいいなぁと思うんですよ。言葉はなくとも、ただ2歩3歩と歩くだけで、お客さんみんなが「ウォー！」となる。わたしもそれやりたいんですけど、なかなか。

藤山　わたしが吉本新喜劇に出してもらったら、藍ちゃんの言う出方をするよ。その代わり藍ちゃんがうちとこのお芝居に出た時に「出てきたでー！」をやったら、藍ちゃんそれはちょっと違うで、って言わせてもらうけど（笑）。やっぱりね、その家その家のやり方があるから。家の中の法律って、どこのおうちでもありますからね。

酒井　空気が変わるという話でいうと、前川清さんと恋愛模様のお芝居をされていたじゃないですか。恋愛のお芝居の時は、お姉さんが発する空気はピンクなんですよ。どうやったらあんな恋愛のお芝居できるんですか？

藤山　恋愛したらよろしい。

酒井　えぇ……。

藤山　ひとりの男の人を好きになったら、その経験とか感情を放射線状に考えていく訓練をする。それはバーチャルでしかないわけですよ。そんな芝居でやりそうな恋愛ばっかりできませんやん？　奥さんのいる人とどうしたとか、男に逃げられたとかって、全部を経験してたらエライことですから。だから一度の恋愛、その時の感情を元にして、放射線状に広がるよう物事を考える。人をほんまに好きになると肋骨きしみませんか？

酒井　まだ肋骨きしんだことがないので（笑）、もっと経験しないといけないですね。

藤山　ムリにしたらあかんで。ナチュラルに人を好きになったらいいけどね、芝居のために男の人を好きになるなんて、そんなバカなことは絶対しないほうがいい。

役者が見せられるものは、最後はレントゲンになる

藤山　役者ってね、最後に出るのは「人柄」。やっぱり地金が出るのよ。役者は最後はレントゲンみたいなもんで、その人の本当の姿しか見えへんねん。だから人に嘘をつく、ごまかす、利を求めて生きる……そういうことをするんじゃなくて、役者である藍ちゃんにこれからしてほしいことは、人のために時間と身体を使うこと。

ムダやなと思うようなこと、なんにも得せえへんと思うことこそ、役者はすべきやとわたしは思う。その経験っていうのは勉強になるし、人間から感性というものがなくならない限り、自分の中にある感情や記憶は役に立つ。つまり発想の機会になる。わたしから藍ちゃんにひとつだけ言えることは、喜劇は発想力だということ。だからムダな経験をすることって大事で、経験したすべてのことが手持ち札になる。まだあなたは若いねんから、今からなんぼでも手持ち札を増やせる。わたしなんて65歳、店じまいの歳やから。

酒井　いやいや、店じまいちゃいますから。でも、お言葉ありがとうございます。

藤山　これはあんまり言うべきことではないかもしれないけど、わたしにも大きい川を飛び越えたなという時期がありました。いうても、大阪の大和川ぐらいの川なんやけど。それは年齢的にもう子ども産まへんなと思った時やね。その時に振り切れるようになった。同じような川じゃないと思うけど、藍ちゃんもなんかしらの川を渡らなあかん時があると思いますよ。

酒井　お姉さん、占い師さんみたいです。今、わたし37歳なんですが。

藤山　ちょうど悩める時期かもしれへんね。仕事持ってる女の人はみんな通ってる道やから。でもね、藍ちゃんがやってる役者なんて、3年や4年のブランクがあってもすぐ戻れるんやから。今がきれいな旬ですよ、って売ってる人の場合はさ、何年かのブランクが命取りになるかもわからへんけど、わたしら喜劇役者ですやん。喜劇役者としての人生の補填はすぐできるし、経験が生かせるから。

酒井　かっこいいっす！ お姉さんがすごいのって、こうやって人を見抜く力があるからなんやなって思いました。今、服も全部剝ぎ取られて、丸裸にされた気分です。

藤山　藍ちゃん、わたしの年齢を考えてね。いろいろ経験してますから（笑）。

酒井　お姉さんがわたしのために時間をつくってくださるなんて、こんな光栄なことないです。今日はほんっとうにありがとうございました！ 夢のような時間でした！

藤山　ほな、芝居のお稽古行かせてもらいます〜。

藤山直美

1958年生まれ。役者デビューはなんと3歳。松竹新喜劇で活躍した昭和の喜劇王・藤山寛美を父に持ち、「喜劇役者は家業のようなもの」と、現在の喜劇界を守る。座長公演では吉本新喜劇の座員をキャスティングすることも多い。

酒井藍

1986年生まれ。公務員（警察職員）という安定した職を得るも、3歳から抱いていた夢が諦めきれず、2007年にオーディションを経て吉本新喜劇へ入団。2017年7月、30歳で座長に就任。吉本新喜劇初の女座長となる。

祝!

吉本新喜劇65周年

各界の著名人の方々から
お祝いのことばをいただきました。

part.1

吉本新喜劇65周年おめでとうございます。
この先10年、20年、さらにその先まで、笑いの力で多くの方々に笑顔を届けてください。
本当におめでとうございます。

唐沢寿明｜俳優

大阪の子どもたちは吉本新喜劇で育ってます。いやむしろ教育されてる？　DNAに組み込まれていると言っても過言ではない！　もちろん、私もその一人です。そんな私は俳優になり、昨年、吉本新喜劇の大舞台に立たせていただきました。俳優人生で最も緊張いたしましたが、夢のような本当に幸せな経験でした。
これからも楽しくて笑いの絶えない舞台を続けて欲しいです。
祝 65周年、益々のご盛況を祈念しております。

北村一輝｜俳優

吉本新喜劇65周年おめでとうございます。吉本新喜劇は、僕ら関西で生まれ育った者には欠くことの出来ない存在です。土曜のお昼にダッシュで帰って、新喜劇を観ながらご飯食べて家族で笑う。つまり、大袈裟でなく吉本新喜劇が僕らの血となり肉となっているわけです。そんな吉本新喜劇の舞台に、先日僕も出演させていただき感無量でした。
65年という長い歴史の中で、時代を反映させつつも「いつも新しいのに、どこか懐かしい」新喜劇ならではの「笑」を、この機会にひとりでも多くの方に触れていただければと思います。そして、またいつかご一緒させていただけるよう、これからも日々精進して参ります。
改めて、吉本新喜劇65周年おめでとうございます。

西川貴教｜ミュージシャン

65

※敬称略、掲載はページ内五十音順。

YOSHIMOTO SHINKIGEKI
Fashion
Style

新喜劇のおしゃれ自慢!?

座員たちの私服ファッションチェック

新喜劇座員は普段着もすごく個性的。
おしゃれに対するスタンスもさまざまです。
そこで、おなじみの舞台衣装とはまた違った普段の様子を激写。
楽屋入りする座員をつかまえて、
全身をばっちり撮影しました。

あ、内場勝則さん！
ちょっとこっちで撮影させてください〜！

KOBAYASHI YU

小林ゆう

｛帽子｝
小西武蔵さんからのもらいもの

｛メガネ｝
名古屋の古着屋で買った
太ブチ丸メガネ

｛イヤリング｝
300円で
買ったイヤリング

｛右手のリング｝
大分県で買ったリング

｛左手のリング｝
もらいもののリング

｛パンツ｝
お母さんが
買ってきてくれたパンツ

｛サンダル｝
デシグアル

どんな服でもイヤリングをしていたら、ちゃんとしてるように見えませんか？

今日はネオレトロで、新しいけどなつかしいみたいなファッションですが、普段からカラフルな服を選ぶことは多いですね。人とはかぶらない服を着たいとは思っています。一番好きなブランドは、今日も履いてますけどデシグアル。心斎橋の商店街にショップがあって、好きだけど私にしては高価なので、ご褒美でしか買えません。やっぱり、おしゃれってお金がかかりますよね（笑）！

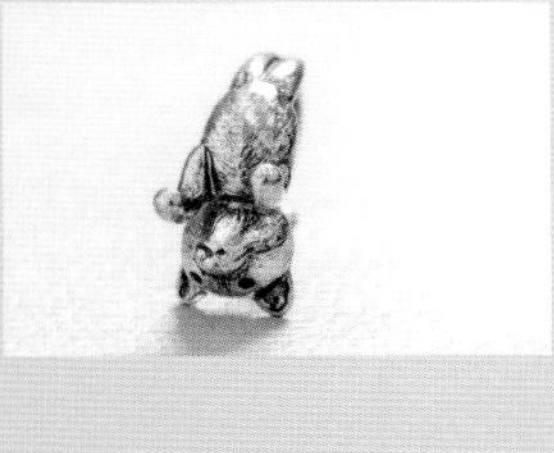

大分で買ったリング。「猫がブリッジしてるみたいに見えるでしょ。私が勝手に思ってるだけですけど（笑）」

UCHIBA KATSUNORI

内場勝則

お金使うとこ、ここしかないですからね（笑）。ファッションはお金を使うとこ！

｛サングラス｝
タート オプティカル アーネル

｛時計｝
妻からもらった
ロレックス

｛ベスト｝
ジル・サンダー

｛シャツ｝
ジル・サンダー

｛パンツ｝
ディースクエアード
（「いつもはデニムなんですけどね

｛靴｝
リーガル

こだわっているのはサイズ感。体にぴったりくるものを探すとイタリアとかのサイズの、小さいものがちょうどいいんですよ。サングラスは普段そんなしないんですけど、これは海外の映画スターたちも愛用しているブランドのもので、心斎橋のヴィンテージショップでたまたま出合って買ったんです。時計は（未知）やすえからもらったロレックス。還暦祝いやったかなあ、「年齢にあったもんがええよ」ってくれました。シンプルでどんな服にも合うからつけさせてもろてます。

SUENARI YUMI

末成映薫

おしゃれは年齢関係なく自分の個性を引き出してくれるもの

{上のふわふわ}
難波の高島屋で一目惚れで買った韓国のデザイナーもの

{パンツ} N°21

{靴} ヨウジ・ヤマモト

KONISHI TAKEZOU

小西武蔵

自分が好きなものを着てるだけ。どう評価してもらってもいい…自己満足ですね

{帽子}
ベレーニット。帽子はマストアイテム

{上着}
ヴィンテージのリメイクセットアップ

{時計}
オールドグッチの腕時計

{パンツ}
ヴィンテージのリメイクセットアップ

{靴}
ブッテロ

GKまで自転車通勤ですから、靴
やわらかいのがいちばん。今日
少々雨降ってたけど、この上か
かっぱ着て、チャリで来ました。
を重ねると目線が下向きに
ってくるけど、だからこそ逆にな
べく派手な格好してね。近所の
ーパーへ行くのでも、ちょっと
しゃれして出かけるとか。舞台
上では役柄の私ですけど、プラ
ベートな時間は完璧に自分の
性ですから、好きにやらんと。

「うわ、これ珍しいな！ と思ったら、とりあえず買っとくんです。いつか役に立つから。たとえば、こんな撮影の日に（笑）」

芸人になってからほとんど買い物ってしてないから、着てるのはだいぶ前に買ったものばかり。モッズ、パンク、HIP-HOPに民族衣装とか、なんでも好きなのでジャンルは結局ごちゃまぜのミクスチャー、カルチャーを感じられるような服装になりますね。おしゃれは芸のジャマになるとずっと思ってたんですけど、ある時、こういう格好でいたら「脱法バーの店員みたいな格好やな」ってイジられて。そうか、イジってもらったらいいいんやって、そこから漫才でも紫のハットかぶってみたり、舞台上でも自分のままでやってます。

左手薬指のリングはクレイジーピッグ。モチーフは映画『時計じかけのオレンジ』のアレックス。右手中指の指輪は、友達がつくってくれたもの。「クラウン（ピエロ）モチーフですけど、癖がすごいですよね（笑）」

MORITA MARIKO

森田まりこ

〔バッグ〕
マルニ

〔シュシュ〕
マリコンヌシュシュ

〔ピアス 右〕
酒井藍ちゃんと
お出かけしたときに
買ったピアス

〔ワンピース〕
マリメッコ

〔タイツ〕
ジル・スチュアート

〔靴〕
カンペール

とにかく、自分の着たいものを着る！

MORI KOTERA MARI

KOTERA MARI

小寺真理

おしゃれが今、人生でいちばん楽しいことです！

〔帽子〕
アース ミュージック&エコロジー

〔上着〕
WEGO

〔ギア〕
たまごっちユニ

〔シャツ〕
クリア

〔スカート〕
WEGO

〔靴〕
コンバースの
ヒールスニーカー

かわいいなと思ったら買うのでブランドにこだわりはないんですけど、マリメッコ（Marimekko）とかマルニ（MARNI）とか、まりこの「MA」が入ったブランドは親近感が湧いて買っちゃうかも。どんだけ自分の名前が好きやねんって話ですけど（笑）。真っ黒な格好も好きなんですけど、今日は色を取り入れて元気に！って感じで。私服はワンピースが多いですね、やっぱり楽ちんなので。

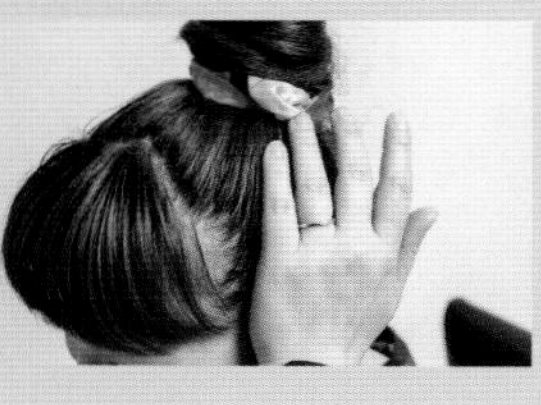

「私のキャラ、マリコンヌのオリジナルグッズです。みなさん買ってください！」
（FANY Mallで発売中！）

昔、ダボダボの服を着てたら森田まりこさんに「もったいない！ すごい残念やで！」って言われて。それ以来、やっぱりプライベートからかわいい服を着てるほうがいいなって、ミニスカートとかお腹を見せる服とかにしてます。普段着はWEGO、スピンズ、ユニクロ、GU、H&M、ZARA…とかを組み合わせて、たまごっちもマストで。私が歩数を稼ぐと、たまごっちの中で服を買ったりしておしゃれができるんです。

「ウォーキングのときに万歩計代わりにもなるので、いつも身に着けてます。かわいいアクセサリーとセットで」

OKADA NAOKO

岡田直子

とにかく着心地が良くて楽なこと重視

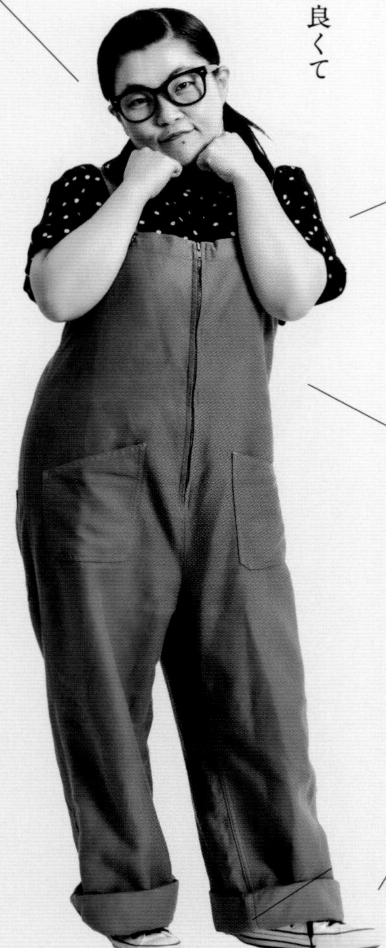

{眼鏡}
こだわりの眼鏡はマストアイテム

{シャツ}
ユニクロ

{オールインワン}
森田まりこと一緒になんばCITYで買ったサロペット

{靴}
コンバース

あんまり普段新しい服を買い足すことがなくて、(島田)珠代姉さんや金原(早苗)や(森田)まりこに服をもらうことが多いんです、「これ似合いそうやんな」って。今日のサロペットは10年ぶりくらいに購入したもので、人見知りだから、店までまりこについてきてもらいました(笑)。

「実家が靴屋だったので、靴だけは不自由せずに生きてきました!」

SHIMIZU KENJI

清水けんじ

ファッションは損しないための手段、じゃないですか

{コート}
マルニ

{シャツ}
マルニ

{デニム}
ジル・サンダー

{靴}
マルニ

{靴下}
普通の安いやつ

地味になりすぎないよう、今日の靴下とかシャツみたいにちらっと差し色を入れることが多いですね。僕くらいの年齢になるときれいな格好しておいて損はないというか、悪い印象を持たれることはないと思ってます。好きなブランドはマルニ、ジル・サンダー、マルジェラ、グッチかな…ちょっと無理してますけど、見栄っぱりなので(笑)。

「普段はポーチも必ず身に着けていて。これもマルニです」

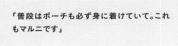

OTSUKA REI

大塚澪

おしゃれは
好きな人に会いに行くための武装！

{ワンピース}
アメリカのヴィンテージ

{ベルト}
ヴィヴィアンウエストウッド

{靴}
オリエンタルトラフィック

古着が好きで天王寺に行きつけのショップがありますけど、場所は絶対内緒です（笑）。はっきりした色味で、レトロな雰囲気が好きなので、古着がベース。でも、ヴィヴィアンのベルトは、バイトの給料袋をそのまま丸ごと持って行って買った新品。古着とうまく掛け合わせています。あとは背が高いので、ZARAとか海外系のブランドで買うことが多いかも。

大学生の頃から憧れていたグレースコンチネンタルのバッグ。「荷物がすごく多いので、全部入る大容量でお気に入りです」

SAKURAI MASATO

桜井雅斗

新喜劇の
おしゃれ番長とは僕のこと！

{ジャケット}
ZOZOTOWNで買ったやつ

{Tシャツ}
バンドTシャツ

{ブレスレット}
アメリカンラグシー

{スカーフ}
ファンの方にいただいたスカーフ

{パンツ}
ZOZOTOWNで買ったやつ

{靴}
どこで買ったんやったかな…

ジャンルにこだわらずその日の気分でいろんなタイプの服を着ています。特にブランドにもこだわりはないのですが、トータルコーディネートに気をつけて小物まで選ぶようにしています。今日はゆるっとしたパンツだったので、ゴツめのブーツで足元を締めたのですが、ユニクロの女性もののスキニーパンツとかでタイトに決めることもありますし、楽しんで着ています。アクセサリーとスカーフもほぼ毎日着けてるかも。

YAMADA HANAKO

山田花子

ファッションなんて
飾りでしかない！

{ベスト}
ムク

{シャツ}
ムク

{時計}
どこかの
スマートウォッチ

{パンツ}
ムク

{靴}
ムク

服は着心地重視で、ほぼムクで買います。同じ服を着ることが多いので、コーディネートしやすい服をいつもお店の人に選んでもらってます。好きな色は赤なんですけど、赤は目立っちゃうので普段から青とか寒色系を着ることが多いですねえ。毎日着けてるスマートウォッチは充電したら1週間くらい持つんちゃうかなあ。便利で見やすいので重宝してます。

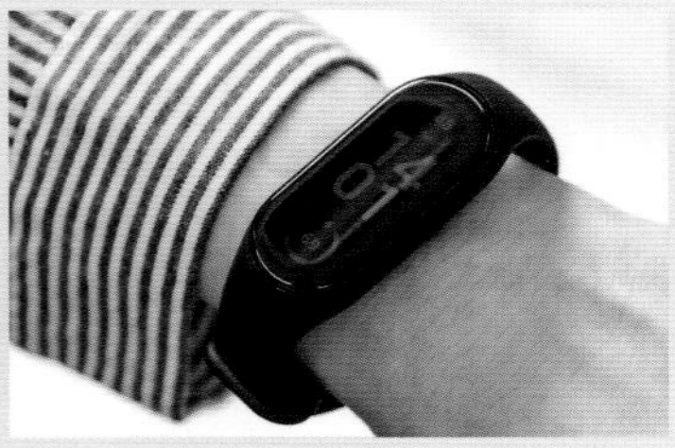

TSUJIMOTO SHIGEO

辻本茂雄

僕らは見られる側ですから
何歳になってもおしゃれしとかな

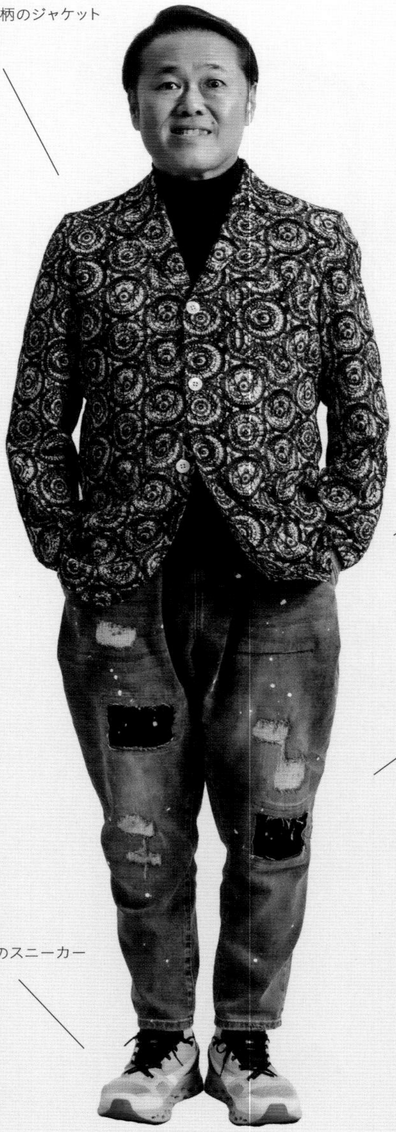

{ジャケット}
シアサッカー地で
バティック柄のジャケット

{腕時計}
Gショック

{パンツ}
カンピオ

{靴}
オンのスニーカー

古着でひと部屋つぶしてるくらい古着が好きなんですけど、こんな撮影があるんなら…ヴィンテージのアロハと501で撮ってほしかったな(笑)。打ち上げがあった昨晩の格好のままなんで…。Gショックとか、レッドウイングのブーツとかも好きですし、指輪も好きで、カレッジリングは周年ごとにアメリカでつくってもらったり、馬蹄モチーフのハワイジュエリーだったり、結構持ってますね。

「Gショック歴は長いですね」。この日の緑の他に、赤、シルバー、ゴールドなど、数多く所有。プリーツプリーズ イッセイミヤケ、クルニなども好きなブランド。

Bonus photography

ご夫婦での私服もチェック♪

千葉公平&鮫島幸恵

やわらかな雰囲気に似合うさらりとした
素材と落ち着いた色味のナイスカップル!

CHIBA KOUHEI

千葉公平

服はまず機能だと思ってます

｛シャツ｝
テレビ出演時の衣装を
買い取ったシャツ

｛パンツ｝
ZARA

｛時計｝
ハミルトンの腕時計

｛靴｝
ヒョウ柄の
コンバース

夏に向かうこれからの季節だと何をおいても涼しさが大事。服は機能だと思っているので、機能をさしおいて攻めた色づかいとかはしたくなくて。おしゃれはおまけくらいでいいと思うんです。腕時計はハミルトンをいくつか持ってます。男のアクセサリーって腕時計くらしかないですから。いつかはチューダーの腕時計がほしいんですけど、まだもうちょっと手が届きませんね。

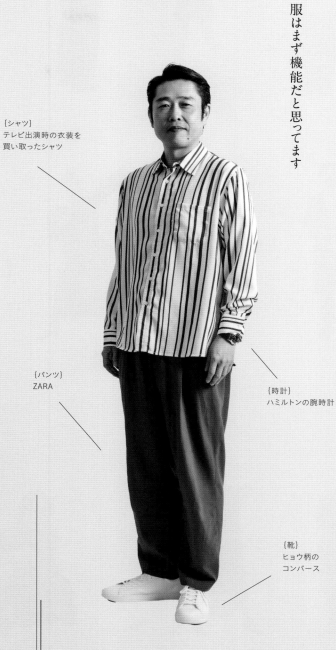

YOSHIMOTO SHINKIGEKI
Fashion
Style

吉本新喜劇／解体新書／

舞台セット・小道具・衣装・かつら

新喜劇の舞台は役者だけでなく、多くのプロフェッショナルの手によって作られています。今と昔の新喜劇のエピソードとともに、新喜劇の舞台を支えるあれこれについて深堀りしました。

舞台上のポスターにも注目を

吉本新喜劇の舞台を見たときに、隅々まで目を向けてほしい。実は、舞台の中に遊び心あふれる装飾が散りばめられているのだ。たとえば、食堂セットの片隅に貼られた生ビール販促ポスター。喫茶店セットに貼られた指名手配犯や尋ね人のポスター、街中の映画やイベントポスター、派出所の安全運転啓蒙ポスターなどなど。**よく見ると、さりげなく座員の顔が使われているフェイクポスター**、これもすべてパロディなのである。

これらを製作しているのは小道具を担当する**株式会社すくらんぶる**の担当者。上がった台本から大道具のセットをデザインするときに、セットデザイナーからの「ここさみしいな」「ここに何かポスターがほしい」といった指示を受けて、昔はおおらかに“ありもの”のポスターをそのまま使っていたが、著作権や肖像権に敏感な今では、フェイクポスターが当たり前に。これが徐々に本物かと見紛う仕上がりとなり、写真提供などでポスターづくりに協力する若手座員たちからもぜひ使ってほしいと言われるほどに。タイトなスケジュールの中で完成したポスターを見て、座員たちにも笑ってもらうことが、担当者たちの次なるポスターづくりのモチベーションにもつながっているという。

あいつの名前は まきざっぱ

すっちーと吉田裕との「ドリルすんのかい!せんのかい!」のやりとりでおなじみのまきざっぱ。漢字で書くと**“薪雑把”**。薪にするために切った木切れの意味で、薪に似せた、お仕置きのために使われる小道具だ。

使われ始めたのは70年代。諸説あるが、時代劇の殺陣に使われていた薪をモチーフに作られたという。当初は新聞紙を丸めて茶色の布に包んでいたが、音が鈍い上に使うほどに硬度を増し、殴られたたかれる役者からは不評だった。その声を受けて試行錯誤が続き、**棒状のウレタンを素材**にすることで、軽量化とともに、たたいた時の音、しなり具合、耐性が向上。なにより痛さが軽減され、まきざっぱの芯は新聞紙からウレタンに取って代わられた。なお、すっちーと吉田裕のやりとりで使用するまきざっぱは、さらなる芯の改良がなされているが、これは企業秘密である。

舞台セットは毎回“新作”

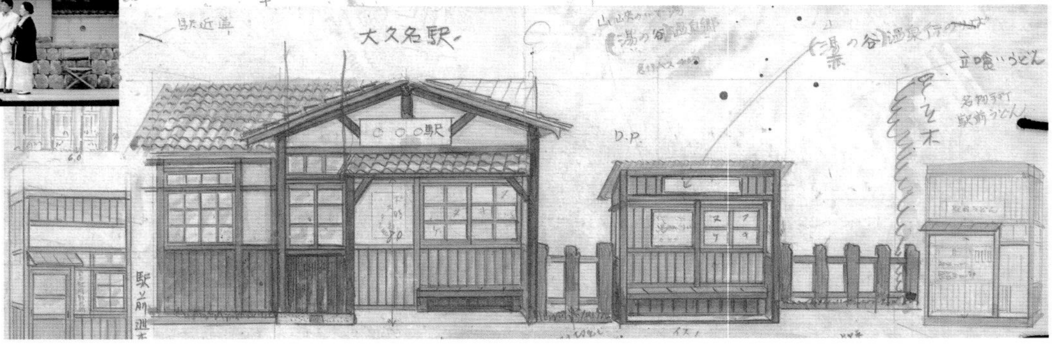

吉本新喜劇の顔ともいうべきセットも**すくらんぶる**が造っている。基本的には、でき上がった台本から、**1週間でセットのデザインが生み出される**。本番前週の火曜日からセットの基礎パネルを作り、木曜日にパネルに紙を貼り、金曜日、土曜日でセット絵を描き、日曜日に乾かす。そして翌月曜日には劇場に納品。火曜日から本番で、また翌週のセット作りに入るというのがセット作りのルーティーン。

そうして長年、吉本新喜劇を支えてきたセットには65年の歴史から生まれたお約束が隠されている。1970年代から1980年代にかけては「必殺仕事人」のタイトルロゴなども手がけた**舞台美術家の竹内志朗氏**がセットデザインを担当し、吉本新喜劇のベースが確立された。彼のセット図は細部まで細かく描かれており、今や美術品のような趣きがある。実際に訪れた場所をモチーフに描き、リアルを追求しながらも、芝居の設定はお客さんにもわかりやすくをモットーに珠玉のセットを生み出してきた。

その中でも踏襲されてきたのは、「下手《しもて》からの人の出入りがメイン」であること。舞台は客席から見て左が下手、右が上手《かみて》。そのため、建物の入口を舞台の下手寄り3分の1ほどに設置、残り3分の2が芝居のメインとなるように設計。この基本的なお約束の中、大衆食堂、喫茶店、木賃宿、旅館などの設定で芝居が繰り広げられてきた。

しかし「吉本新喜劇やめよッカナ?」キャンペーンを経て、1990年代に入った吉本新喜劇のセットは、デフォルメしたものや、2セットを使ったりと、それまでとはまた違ったアプローチがなされ、2000年代に入るとデザインも手描きからパソコンを使っての設計に変化。**辻本茂雄演じるシゲ爺**が繰り広げる芝居では階段が坂に変化して人が滑り落ちたり、大きな顔パネルが飛び出したりと、変化球的なセットも生まれている。が、それらもあくまでも客席の一方向から見て完結していることを基本に設計されており、幕が上がるとすぐに今回の芝居の設定が理解できるように作られ、また前列からでも2階席からでも同じに見えるよう配慮されている。

さらに、野外を表す袖パネル、バックなどは季節感のわかる絵柄（春ならサクラ、夏はアジサイ、秋はモミジ、冬は雪など）として、物語が繰り広げられる時期もわかりやすくしている。設計的に見れば違和感があるのも、芝居のための情報ソースと考えればOKである。ちなみに、たとえ食堂の設定が多いとしても、デザイナー曰く、**ひとつとして同じ花月うどんは存在しない**と言う。

使い続けられてきた小道具

バッグ

「もう、かわいいやなんてイヤやわ〜」などと言いながら、照れる女性が褒めた男性をバッグで殴る…この笑いのために金具はすべてはずし、素材もなるべく柔らかいものをチョイスしている。バッグの中には新聞紙や布を入れて、軽いけれど見た目にボリュームを持たせ、いい音が出るように工夫されている。飾りのついたセカンドバッグは、内場勝則扮するあほぼんの定番。

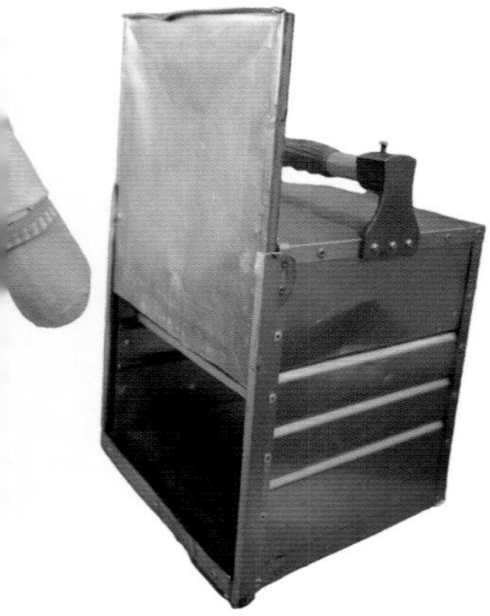

岡持ち

出前に使われる岡持ちも人にぶつけるための小道具。出前から帰ってきた際、食堂の客席に座る客に気づかないという“体”で岡持ちを頭にぶつける場面を見たことがあるはず。そのため、細かなヘコみもあちこちに。この延長線上にお盆や島木譲二の使っていた一斗缶があるが、バッグなどと違ってこちらはぶつけるとリアルに痛い。

吉本新喜劇に登場する小道具も主に**すくらんぶる**が担当。台本に合わせて、ありとあらゆるモノを揃え、ないものはつくる。さらに、舞台で小道具から生まれた笑いが定着すると、**次第にその小道具は役者の“モノ”になり**、自分になじむよう改良、改造させて、さらに笑いをグレードアップさせてきた。

たとえば、**島木譲二**はゴムを付けたボルサリーノハットを投げて相手を威嚇、投げたハットがまた手元に戻ってくる**スピードハット**を持ちギャグにしていたが、そのゴムの長さにこだわって、ハットに自分でゴムを縫いつけていたという。また、**桑原和男のタレ乳**は、桑原の奥さんがストッキングにワタを詰めた手作りの小道具。乳首の色は、この赤でなければ年齢を重ねた色が出ないとのこだわりで、桑原自身がこれと決めたマジックの赤を使って点描で色をつけていた。**川畑泰史**はいかにもお土産が入っているような紙袋を持って登場して、「駅前でおいしそうなケーキ見つけてね…」などの前振りの後、「美味しかったんです」と言いながら紙袋を折り畳む。このギャグのためにも何十種類もの紙袋からすぐに畳めるものを選んでいる。さらなる笑いの高みを目指すために、役者たちは日々、知恵と工夫を絞っている。

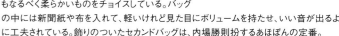

笑いを増幅する 衣装のこだわり

新喜劇の衣装は**大槻衣装**が担当。それぞれの役者に見合った衣装が保管され、サイズも把握しているため、役柄に応じて即座に対応できるようになっている。座員からの「こういう風に伸びる生地を」といった要望にもできるかぎり対応して、笑いを増幅させるサポートを惜しまないため、その信頼は厚い。

たとえば、**アキ演じるアキ助**の衣装は、生地ありきで生まれた産物。伸縮する絞り生地状の素材が使われている。**池乃めだか**の金襴《きんらん》緞子《どんす》スーツは、時代によってさらに派手な柄のものや、燕尾服バージョンなど7着ほどを特注で製作。**内場勝則演じるボンボン役**のスーツなら、ひと目で大金持ちだとわかるよう、襟の部分にフェイクの宝石を一つ一つ取りつけて、小道具のセカンドバッグにも装飾を施しセットアップ。

また、**酒井藍**の衣装は基本、2着を分解し、1着に仕立て上げている。**吉田裕**の開襟シャツは、すぐに脱ぎやすいようにマジックテープに変えていたり、**中條健一**の緑のスーツは、緑の靴下になんとアスパラガスのワンポイント刺繍をしていたり。**五十嵐サキ**のベージュの衣装は、当初は単なるピチピチのワンピースだったが、芝居を重ねる中で、アザラシと揶揄されるボディコンシャスな現在の形へと進化している。

演者のモチベーションや笑いの間《ま》なども加味しながら、衣装は常に進化を続けている。

唯一無二の かつらと靴

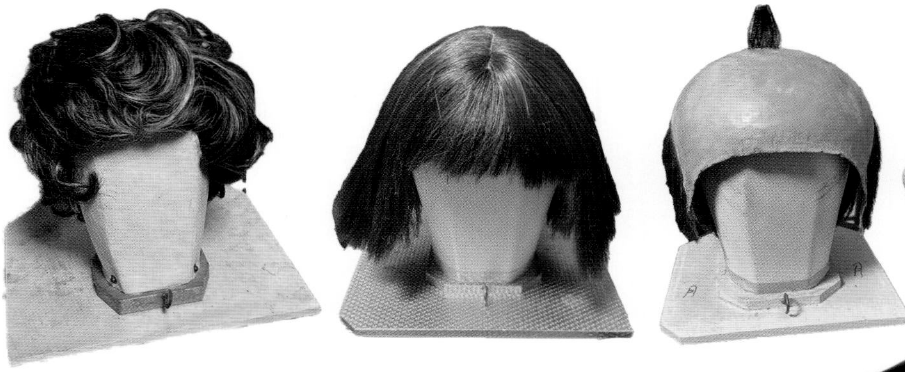

かつらは**長野かつら**が一手に引き受けて、キャラクター設定に合わせて用意、製作している。1週間で毎日2回、多いときには日に4回使うことになるのでメンテナンスにも気を遣いつつ、ツッコミでたたかれることもあるため耐久性も必要。なにより既製品ではあり得ない、唯一無二のかつらが少なくない。

たとえば、**間寛平のおじいさん**、**辻本茂雄のシゲ爺**、古くは**平参平のハゲかつら**など、キャラクターに合ったハゲかつらを作り上げている。シゲ爺のかつらは、本人とも相談しながら白髪のフワッとした膨らみにこだわっているし、**末成映薫の円盤かつら**はその用途に応じて大きさや髪の色を変えている。**すっちー演じるすち子のオカッパかつら**は、前髪やスソ髪を長すぎず短すぎずで切り揃えている。また、小籔千豊とすっちーが演じていたオタクコンビの超ロングヘアはその長さに苦労したそうだ。

足元に目を向けると、靴は**浪原靴店**が担当。靴は衣装が決まった後にコーディネイトするが、現場で履いてみてちょっと違うといったこともあるため、何足かを用意した上で役者が決めることが多いという。家の中に上がりこむ舞台設定の場合など、靴を脱いだり履いたりの動きで芝居の“間”がずれることのないよう、ベストな型やサイズを用意している。

印象的な靴といえば、**中條健一**の緑のスーツに合わせた**緑の靴**。当初は色を塗っていたというが、1週間の出番中に色が剥がれてしまうため、結局、緑の皮を探し出して製作。衣装ひとつ、靴ひとつとっても芝居に欠かせない重要な要素。そのすべてをプロフェッショナルが支えている。

赤ちゃん人形

新喜劇の創立当初より使用されてお り、男性役者が流れに任せてお乳を飲 ませたり吸わせたり、時には放り投げた り…荒っぽい使いかたで笑いを生み出 してきた。それだけにあえて人形であ ことが明確にわかるよう、あまりリア に見えるものは使用していない。

吉本新喜劇／解体新書／ギャグ大辞典

新旧のギャグフレーズを収集しました。たとえば、静かに目をつぶってページに指先を当て、そこに書かれたギャグをその日のうちに披露する、といった使い方でお楽しみください。

まゆげボーンイ～～～～～～～～ッ！
吉田ヒロ

ピュ、ピュ、ピュ、ピュ、ピュピュルピュ、
ピュピュルピュ、ピュピュルピュピュピュッピュ！ドン！
今別府直之

おい、誰が白ブタや！ゴラァ！
未知やすえ

玉ねぎや、玉ねぎの祟りや！
室谷信雄

カエルぽこぽこ三ぽこぽこ、
合わせてぽこぽこ六ぽこぽこ
島木譲二

こんにちは～
Mr.オクレ

リンボ～！
松浦真也&森田まりこ

月様雨が春雨じゃ食べていこう
間寛平

コンビヤ～ン
島木譲二

もし何かありましたら
いつでも言うてください……水曜日に
安尾信乃助

しゃ、し、しゅ、しぇ、しょ
諸見里大介

邪魔すんで～ 邪魔すんねやったら帰って あいよ～

あほんだら、あほんだら、あほんだら、
あほんだら、あほんだら、あほんだら、
阿呆陀羅経の教祖様やわ
帯谷孝史

ジィさんバァさん、山登ろっ
間寛平

○○って言った○○って言った、言った→結構言うのね
間寛平

朝夕めっきり冷え込んでまいりました今日この頃、
いかがお過ごしでございますか？
チャーリー浜

もう、しっかりしてくださいよ！
しっかりできたらぼさっとするかいな！
間寛平

よ～し、今日はこのぐらいにしといたろ
池乃めだか

ごめりんこ
島木譲二

元ミスユニバースの末成映薫です「元ユニットバス？」
末成映薫

顔が濡れて力が出ないよ～
はじめ

チューイング、ボーン
島木譲二

パクパク病ですねん
島木譲二

もりた～まりこ～趣味は星を眺めること～
森田まりこ

お前の頭スコーンと割って
ストローで脳みそ
ちゅーちゅー吸うたろか！！
未知やすえ

さぁ寝よか、さぁ飯にしよか
花紀京

もう、むちゃくちゃで
ござりますがな
花菱アチャコ

アホー
Mr.オクレ

あ、もしもし、着メロかい！
辻本茂雄

しまったしまった島倉千代子
島木譲二

ここだけは絶対にあけたらあかんぞ！
花紀京

チャイ！
島田一の介

かかかか堪忍な～
間寛平

そう、ブーブーブーブー、私人間ですねん
酒井藍

かい～の
ムズがい～の
痛がい～の
間寛平

こんなところに水たまりが……
木村進

とか言っちゃってぇー！
レイチェル

住吉大和ですぅ
住吉大和

なんたることをサンタルチーヤ
チャーリー浜

誰がバカボンなのだ
山田花子

ごめんくらはい
井上竜夫

クワ～クワ～クワ～
船場太郎

つまらないものにはメーン！
辻本茂雄

これはファッション！
中條健一

ぽこぽこヘッド
島木譲二

珠代、パンティーテックス！
島田珠代

これは飾りよ！
中山美保

は～あ～ん、ドッカ～ン
島田珠代

俺はこう見えても学生時代……
ピンポンやってたんぞ！
それにな、空手やってたんや、
通信教育やけどな
岡八郎

イヒッヒッヒッヒッヒッヒッヒー
木村進

誰がコブダイやねん
多和田上人

内場勝則

ビバ！ビバ！
島木譲二

ちょっとしたミスさ～
間寛平

おじゃましますか？
安尾信乃助

あれは、俺がカウボーイになった初めての晩だったよなぁ
……なぁ保安官
池乃めだか

バレエ大好き！
松浦景子

やばいねー
諸見里大介

怖かった～
未知やすえ

○○ちゅわ～ん
末成映薫

う～ん、エッチッチ
島木譲二

プライヴェート・エリア！
ジャボリ

三途の川が……
井上竜夫

はっきり言うて！&@$%&#～
安尾信乃助

神様あ～～
桑原和男

ピュ～！
烏川耕一

ヒッヒッヒッヒ、ハヒフヘホ
末成映薫

アスパラガス！
中條健一

あらら、足が壊れてしもた
平参平

カモーン
山田花子

ウガウガウガウガウウガ、ガオーーーーッ！
高石太

やなぎ浩二

チャッソ、チャッソ、チャッソ～
あのさ、僕さ、あ、どっこいさ
チャーリー浜

はぁ汗ばむわ～
山田花子

この方が早いわ
平参平

きつねにちわ！
吉田ヒロ

はぁい
森田展義

なんでやね～ん！
今別府直之

あけてぇ、しめて、
あけてぇ、しめて、
あけて閉めたらはいれな～い！
吉田ヒロ

ごめんクサい、こりゃまたクサい、あぁクサ

許してやったらど～や！
辻本茂雄

～じゃ、あ～りませんか
チャーリー浜

耳の穴から手ェ突っ込んで
奥歯ガタガタ言わせたろか！
藤田まこと

吉本のやしきたかじんです
帯谷孝史

がおー！
岡八郎

うれちいな、うれちいな
桑原和男

冗談はここからや
川畑泰史

オーマイガー！
浅香あき恵

ごめんやしておくれやして
ごめんやっしゃ～
末成映薫

クッサ〜
岡八郎

あの夜見たんだよ、車が急に止まって、
目の前に大きな光が現れたんだ、
間違いないあれはUFOだ……
あ、ちょっと落ち着こう、
ロバート、コーヒーをくれないか
池乃めだか

なめとったらアカンで、ホンマ。怒るでしかし！
浅香あき恵

顔パンパンやん
川畑泰史

誰がカバやねん！
原哲男

たのしぃ〜〜〜！
レイチェル

おじゃま、パジャマ
若井みどり

とぅいまて〜ん
間寛平

ルルルンパ！
島木譲二

脳みそパ〜ン！
間寛平

せん船、ばたろう場太郎です
船場太郎

もちのろんよ
浅香あき恵

ローテーショントーク！
辻本茂雄

いぃよぉ〜
アキ

月も雲間に隠れたし、雨戸も閉めたし、
ガキも寝たお前さん、今夜もかい？ あたぼうよ
間寛平

おねげえしますだお代官様ぁ
池乃めだか

チョベリグだわ
浅香あき恵

フォ〜〜〜〜ッ！
藤井隆

オー！ノー！
岡八郎

ゆ〜る〜さんっ！
木村進

いくつになっても、甘えん坊〜
間寛平

コ、コ、コケかキィキィ
島木譲二

どぅもすいません
間寛平

今からお前を〜、今からお前を〜、殴ってやろうか〜
なっなっなっなっなっ、なっなっなっなっなっ、や〜めた！
レイチェル

あなた知らないの？ホホホン
ルーキー新一

マキバオーちゃうねん！
吉田裕

カンカンヘッドは男のロマン
島木譲二

大阪名物、パチパチパンチ
島木譲二

イヤ〜ン、イヤ〜ン、イヤ〜ン
ルーキー新一

チャランラ〜
島木譲二

男なんてシャボン玉〜
島田珠代

は〜あ〜ん、チーン！
島田珠代

この構えを見て、スキがあったら、
どっからでもかかってこんかい！
岡八郎

失礼しますわよ〜〜〜ん
辻本茂雄

え、そんなんできるんですか？
内場勝則

通称、吉本の渡哲也です
島木譲二

俺はこう見えても、殺人、窃盗、恐喝、強盗、放火、
略奪以外のことはなんでもやっとんのや！
小籔千豊

血ぃ吸うたろかぁ！
間寛平

ま、その〜なんと申しましょうか
島田一の介

見下げてごらん
池乃めだか

さいなもう！
花菱アチャコ

早くしないと花子が
逃げちゃうぞ〜
山田花子

いづこへ？
チャーリー浜

乳くりマンボ、乳くりマンボ、乳くりマンボでキューッ！
吉田ヒロ

君たち、君たちがいて、
あ、僕がいる
チャーリー浜

頑張っとるか〜？
間寛平

誰がゴリラよ！
人類の進化やないか！
森田まりこ

なに言うんやったかいな
井上竜夫

インガスンガスン
末成映薫

どうか聞いてください、婦人会の皆さん
木村進

ごちゃごちゃ抜かしとったら
しばきあげんど、ワッレー！
室谷信雄

アツアツアツアツアツアツ〜
高石太

ひどい、ひどいわ〜
島木譲二

アヘアヘアヘアヘ……
アヘアヘウヒハアヘウヒハ……
間寛平

まさにダイナマイトなバディでも品がない！
レイチェル

誰が放し飼いやねん、誰がモンキーやねん
誰がチンパンジーやねん、
誰が手錠をかけられて育てられてん
間寛平

ウンバラバァ〜
間寛平

○○であるとかないとかは
芸者の時にいう言葉
やなぎ浩二

アカン言うてんのに、
どないやねんな〜〜〜っ！
山田スミ子

お邪魔しまっす
島田一の介

う〜ん、ジョージ、ショック
島木譲二

横顔、新幹線や〜
伊賀健二

ごっそさん、うどんいくら？
おおきに、300万円です

パパに言うぞ〜
西川忠志

ア〜ホ〜
平参平

ドリルすんのかい、せんのかい、
すんのかい、せんのかい
すっちー&吉田裕

どうせ、私は人の妻、
あぁさざんかの宿……
島木譲二

おじゃま死にま〜す！
太田芳伸

ダメよ、ダメよ、ダメなのよ
島田一の介

ワオ、ワオ！
間寛平

だ〜れ〜が〜じゃど〜〜してじゃな〜ぜじゃ
間寛平

イヤ〜〜〜〜〜〜〜〜〜〜〜〜ッ
浅香あき恵

アホち〜やう
末成映薫

触覚抜いたん誰やぁ
間寛平

おっさ〜ん、おっさんアホか、アホかおっさん、おっさん、アホかぁ
間寛平

おい、お前、ワシを舐めてんのか、おい！
キスさせ、キスさせ！
今はオバちゃんやない！オッサンや！
桑原和男

お嬢さん、僕と結婚してください
岡八郎

ごめんください、どなたですか？
となりの和子です、
お入りください、ありがとう
桑原和男

鼻の穴から割り箸突っ込んで
下からカッコンしたろかワレ！！！
未知やすえ

末成映薫

わしゃ、止まると死ぬんじゃ〜
間寛平

ヤンボー、ヤンボー
島木譲二

お邪魔しまんにゃわ
井上竜夫

こんにちハ
末成映薫

いらっしゃいませ、お前ら
秋田久美子

ひょっとこネタひょっとこいしょ
ひょっとコーヒーひとつ
烏川耕一

チャッチャマンボ チャチャマンボ ヘイ
パキューン・パキューン・パキュンパキュンパキュン
間寛平

木曽山中に籠ること18年、
もがけばもがくほど締まって身動きが取れんようになる。
これぞ秘伝かにバサミじゃ！外せるものなら外してみろ
池乃めだか

つらいねぇ
すっちー

セシボーン
チャーリー浜

あ、熊や死んだフリせぇ
島木譲二

見よ！この決意！
桑原和男

こら、犬どけ！コン！ キャンキャンキャン……
間寛平

毛細血管いっぱい詰まってるとこ脇〜！
吉田裕

ググカカ、ググカカ、グンカ、ポッポ〜
間寛平

ホット！ホット！ホット！ホット！
藤井隆

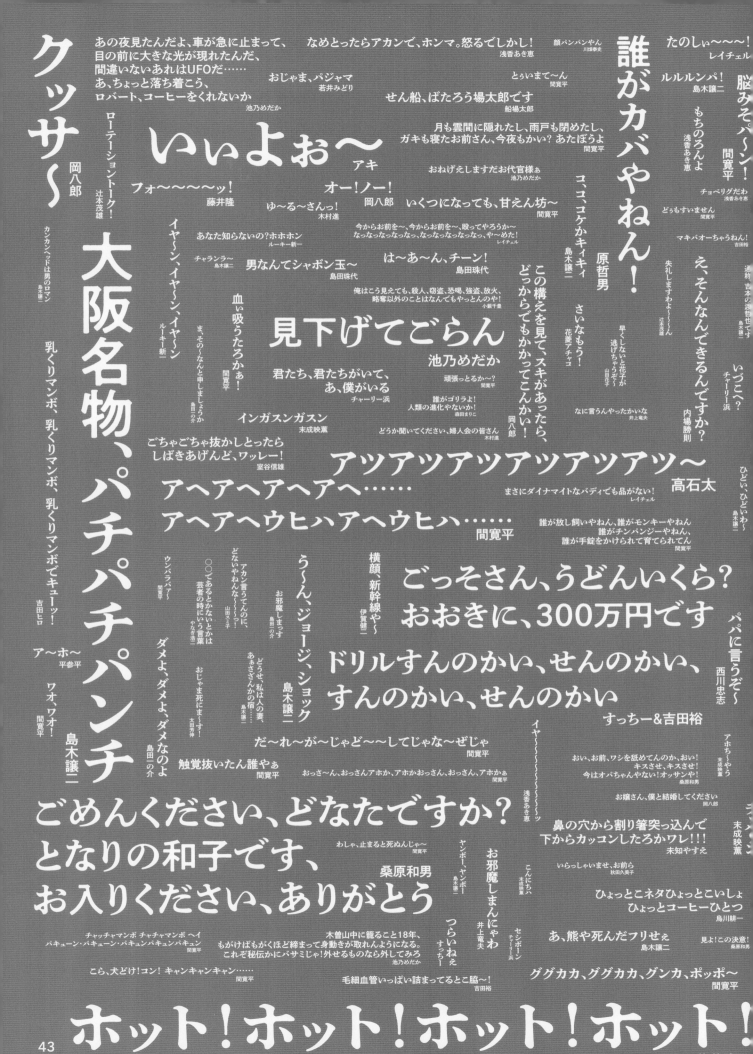

ドリルすんのかい、せんのかい、
すんのかい、せんのかい
すっちー&吉田裕

は〜あ〜ん、チーン!
島田珠代

大阪名物、パチパチパンチ
島木譲二

ギャグ大辞典

まゆげボーン
吉田ヒロ

フォ〜〜〜〜ッ
藤井隆

カモーン
山田花子

ごめんください、どなたですか?
となりの和子です、
お入りください、ありがとう
桑原和男

いぃよぉ〜
アキ

葉加瀬太郎 × 松浦真也

新喜劇対談02

音楽と笑いと舞台と

2024年3月、NGK（なんばグランド花月）。世界を股に掛けて活躍するヴァイオリニスト・葉加瀬太郎氏が新喜劇の舞台に立った。その傍らにいたのが、新喜劇きってのギタリスト・松浦真也だ。実はお笑いが大好きという葉加瀬氏と松浦が、「音楽と笑い」の奥深い関係について熱く語り合いました。

本番前にふらっと新喜劇を見に行ってたこともあります

松浦　葉加瀬さんのご出身は大阪なんですよね。

葉加瀬　大阪市内の生まれで、3歳から千里ニュータウンで暮らしてました。高校から京都に行って、18歳から東京です。松浦さんはどこのお生まれなんですか?

松浦　僕、京都なんですよ。実家は四条大宮で、葉加瀬さんが卒業した堀川高校に近いんです。

葉加瀬　ただ、僕が通っていた頃の堀川高校音楽科分校は京都市郊外の洛西にあって、沓掛という山の中で過ごしてました。今は開拓されてるけれど、当時は本当に何もなかったですね。春はタケノコ、秋は柿を獲って自給自足で食いつないでいました（笑）。

松浦　当時、新喜劇は見られてました?

葉加瀬　それはもう。大阪人なんで、土曜日の昼は焼きそばを食べながら新喜劇見るのが定番でしたね。特にしょっちゅう見てたのが、花紀京さん、船場太郎さんが座長だった頃。船場さんの「ガーン言うたるで。ガーン」とか、何から何まで好きでしたよ。それに小学校や中学校でモテたり学級委員をやったりするのは、やっぱり笑いが取れるヤツだったので。大阪の学級会は意見を言うのにも、とりあえず誰かが一発ボケてからという文化じゃないですか。面白いことを言えなかったら人権がないぐらいの感じでしたね。

大阪ならではの距離感と新喜劇のDNA

松浦　京都はそこまでじゃないんですよ。こういう話って京都VS大阪になりがちなんですけど、もうちょっとほんわかしてるというか。

葉加瀬　大阪は、秀吉さんが作った商人の町だから、「儲かってまっか」「ぼちぼちでんな」という会話からコミュニケーションに入るのが、DNAとして受け継がれてるんでしょうね。だから大阪に行くと懐かしい気持ち半分、うざい気持ち半分ではありますね（笑）。新幹線のホームで話しかけられて、「あ、この親しげな感じはファンではないな。自分が忘れてるだけで業界の人なんだな」というモードで喋っていると、最後に「頑張ってな、知らんけど。応援してるで!」と去って行く。「知らんのかい」という……。あの距離感は大阪ならではですね。

松浦　僕はギター弾くマネしながら「あーっ、ギターの人やろ!?」と声かけられます。

葉加瀬　僕も同じですよ。「あ、♪チャンチャンチャーンチャーンチャーン（『情熱大陸』のメロディ）や!」って（笑）。大阪といえば、コンサートの本番前、時間があったらふらっと新喜劇の昼公演を見に行ってた時期がありましたね。10～20年ぐらい前かな。今と違って、もうちょっとチケットが取りやすかったから。今は常に満席だもんね。舞台を見るとテンション上がって、夕方からのコンサートがちょっと楽しくなるんです。

新喜劇に出れたのは末代までの名誉ですよ

松浦　この前はNGKの舞台に出ていただきましたよね。

葉加瀬　はい。数年前にオール阪神さんとお会いして、何回か一緒に釣りをしたり、番組に呼んでもらったりしたんです。それで今度は「新喜劇にゲストで出てください」と声がかかって、定期的に開催している『釣りバカ芸人日誌』に出させてもらいました。

松浦　僕とすっちーさんが借金取りで、葉加瀬さんはその子分役で。「今日は秘密兵器呼んでるから。出てこーい!」で『情熱大陸』が流れて、葉加瀬さんが登場するという。めちゃめちゃ盛り上がりました。また体格がよくて、紫のカラースーツが似合うんですよ。

葉加瀬　あれ自前の衣装だからね。客席で見てたうちの家内が「すごい上手だった」と言ってました。さすが大阪で育っただけはある。ワハハハ。それより自分としてはNGKの舞台に立てることが嬉しくて嬉しくて。バンドのメンバーや関西出身の友達に「すごい!」と褒めてもらいました。末代までの名誉ですよ。

松浦　こういう話をされると、「毎日出ている舞台やけど、やっぱすごいところやねんな」と改めて身が引き締まりますね。劇場の空気は独特でした?

葉加瀬　それはどこの劇場も違うからね。ファンの方がチケットを買って来てくれるコンサートはホームの空気だし、全然知らない営業でアウェーの時もあるし。ただ若い頃は緊張もして「いやだいやだ」とか思っていたのが、この年になるとそんなの何もないんで。ちなみに、松浦さんは今おいくつですか?

松浦　今年48歳です。

葉加瀬　50歳超えたぐらいから次元が変わりますから。老眼が進むと客席がほとんど見えないので、「別にどうでもええやん」と思えてきますよ（笑）。

松浦　それはもう師匠クラスの境地ですね（笑）。実際に新喜劇の舞台に立ってみて、改めて感じたことも何かありましたか?

葉加瀬　現場に出てわかったのは、かなり自由度が高いアドリブの世界があるということ。誰かが話をここで戻すということは決まっているけれど、それまではみんなで行けるところまで話を膨らませたりしているんだなと。

松浦　そうですね。台本は「ここで松浦のギターのくだりあって」ぐらいですから。

葉加瀬　昔でいうと、寛平さんが出てきてグチャグチャに崩したりしてね。でも最後は本筋に戻って、ほろりとさせるような展開にもなっている。音楽で言うとフリージャズに近くて、完成された「ひな型」を作れている気がしましたね。そういう構成でコメディーの舞台が成立しているのは、世界中探してもなかなかないんじゃないかな。

葉加瀬さんもコンサートで笑いのことは意識してます?

葉加瀬　松浦さんは昔からギターを弾いていたんですか?

松浦　はい。もともとフォーク出身で、アコギでスリーフィンガーをよく弾いてたんです。高校時代は部活でラグビーをやりながら、家に帰っては練習して、大学時代はバンドをやっていましたね。

それから社会人を経て新喜劇のオーディションを受けるんですけど、ギターで「SP盤から流れてくる大衆歌謡」のような曲をやって、その一発芸で受かったんですよ。でも当時は新喜劇でギターを弾くことは考えられなかったです。

葉加瀬　なかなか芝居の中に組み込めないよね。

松浦　だから新喜劇に入団した時に、もうギターを弾くことはないだろうと4、5本持っていたギターを1本だけ残して全部売っちゃったんですよ。最初は全く弾いてなくて、ギャグとかいろいろ考えてました。

葉加瀬　それがいつから舞台で弾くようになったんですか?

松浦　ミニ新喜劇で借金取り役をやることになって、烏川耕一さんから「ギターで脅すとかできへん?」みたいなリクエストがあったんです。「どういうこと?」と思いながら、金融会社のCMソングみたいな曲を作ったらちょっとウケて、そこからですね。

葉加瀬　新喜劇の中で、音楽で笑いを取るのは簡単ではないでしょう。

松浦　そうですね。最初はオリジナルソングをあんまり聞いてもらえなかったです。途中からお客さんの集中力が途切れてしまって、オチ言うてもあんまりウケへんという……。だから最初は替え歌が多かったです。それこそ『情熱大陸』も弾かせていただいて、「なんでここで弾くねん!」とツッコまれてました。それから清水けんじさんやすっちーさんから「こんなんやってくれへん?」というリクエストがあると工夫して作って、「そうか、こうやればウケるんだ」と少しずつ学んでいきました。葉加瀬さんもコンサートで

音楽とお笑いに通じる心地よさと無責任さ

葉加瀬　コンサートのトークコーナーでは、笑いを取ることばっかり考えてますね(笑)。第1部の後に20分の休憩を挟むんですが、休憩前はコンサートグッズをひたすら紹介するんです。僕のコンサートグッズ、全部ダジャレでできてるんですよ。アコースティックのシリーズは去年のツアータイトルが「ゆるやかに」を意味する音楽用語の「アダージョ」だったので、「あだ～塩」という塩を作りました。今年のツアータイトルは中ぐらいのテンポを意味する「モデラート」で、メンバーと「ラードをグッズにしよう!」と盛りあがりましたね。スタッフに「コンサートに行って豚の脂買って帰るやつがおるか」と止められたんですけど(笑)。結局、黒糖を使った「モデラー糖」というキャンディーを作って、そういう経緯も全部コンサートで話しています。

松浦　お客さんをリラックスさせる目的で笑いを取っているんですか?

葉加瀬　はい。特に僕のやってる音楽は(歌がない)インストゥルメンタルだから、聞いてる時の集中力がかなり必要なんですよ。なので、2曲3曲続けて聞いてもらったら、それをほぐさないといけない。まさに桂枝雀師匠の言うところの「緊張と緩和」ですね。それは落語も新喜劇も漫才も同じじゃないですか。ずっとアホなことを言ってるだけではダメで、緊張と緩和を行き来するか

ギターという武器を持ってる時点で絶対ウケなあかんのです

コンサートツアーで上から たらいを落としたこともある（笑）

葉加瀬　僕は、音楽もお笑いも似たようなことをしている気はしますね。心地よさを提供することは一緒だし、公演中の時間は夢の世界だけど、終わった後に物理的には何も残らないのも同じ。その無責任さは僕が好きなところです。コンサートでお客さんが「葉加瀬さーん！」「最高！」と2時間、3時間と歓声を上げていても、劇場出た瞬間に「じゃあラーメン食べに行こうか」と切り替わっていて、「さっきの興奮は何だったんだ」と思いますよ（笑）。でも見てる間はパーティーですから、楽しい時間であればいい。ところが、家に帰って布団をかぶると、「あの曲よかったな～」とその日に感動したモーメントがふと蘇るんですよ。そうなると頭の中にファイリングされて、いつでもどこでも取り出すことができるようになる。音楽って別に聞かなくても、頭の中で鳴らせばいいだけなので。

松浦　その感覚わかります。

葉加瀬　そうしてもらうのが、音楽家や役者の仕事なんだろうなと思うんです。だからコンサートやお芝居では、強烈な印象を残すのが大切。そうであるほど、心の中にファイリングされやすくなりますから。「そこそこよかったな」という感想だとデリートされていきますよね。

松浦　ほんまにそうですね。僕、ギターという武器を持ってる時点でアドバンテージを感じているところがあって、絶対ウケなあかんなという気持ちは常に持ってるんですよ。さらに人と違うこと、今まで誰もやらなかったことをやって印象に残りたいとも思いますね。一方で僕の切り口としては「借金返さんヤツがおるから、ギターを使ってビビらす」しかないんです。道はひとつしかないけど、入口が狭い方がやりがいがあるというか。そこでまた新しい方法を見出した時は嬉しいし、それがお客さんの心にファイリングされていけばありがたいですね。

葉加瀬　僕は何十年もコンサートツアーやってきて、思いついた演出は全部やってきたんですよ。それこそハゲヅラかぶるコーナーもやったし、上から頭にタライを落としたこともある（笑）。お客さんってそういうアホみたいなことだけ覚えてるんですよね。それによって「20年前のコンサートって、上からたらいが落ちてきた年やろ」と思い出すきっかけになればいいし、「葉加瀬がアホほなことしとったな～。あの頃は若かったな～」でもええやないですか。年を重ねたので、最近はアホなことはちょっとずつ減らしてますけどね。

どうすれば音楽性って 広がりますか？

松浦　最後にひとつ質問したいことがあるんです。

葉加瀬　どうぞ！

松浦　どうすれば音楽性って広がりますかね？葉加瀬さんの音楽って、いろんな音楽性があるじゃないですか。ミニマムな曲もあれば壮大な曲もあるし、田舎で流れていそうなのどかな曲もある。あの幅はどこから生まれているのかなと。僕も音楽性を広げられたらもっと面白いネタができるんじゃないかという憧れがあるんですよね。

葉加瀬　僕の場合、高校生までは純粋なクラシックと言われる音楽ばかり聞いていて、それ以外はほとんど音楽として聞こえてこなかったんですよ。テレビで歌謡曲を見ても、ふーん……と

僕のコンサートグッズ、全部ダジャレでできてるんですよ

いう感じで頭に入らなかった。それがたまたま東京藝大に進学して、美術学部生と交流を深めていったら、彼らはローリングストーンズかボブ・マーリーかセックスピストルズしか聞いていないんです。仲良くなって文化祭で彼らがやっているバンドのライブを聞きに行くじゃないですか。そうしたら音がめちゃくちゃでかいんですよね。クラシックで一番大きな音を出すのは、(グスタフ)マーラーが作った交響曲第8番。合唱やなんやで大編成、千人近い大人数になるので「千人の交響曲」とも呼ばれてるんです。それは音でかいわな(笑)。でも、4人の演奏がそれよりも大きい音を出していることに「かっけー!」と感じて、僕の音

ようになって、ニューウェーブにいって、プログレロックにいって、大学1年生で前衛的なバンドを組み始めた。それを起点にいろんな活動を始めて、今に至っているんです。

松浦　いろいろ混ざることで面白くなるんですね。音楽性を広げたいのであれば、今まで聞いてこなかった音楽も聞いていかないといけない。

葉加瀬　そういうことです。

松浦　勉強になりました!　今のところは演奏していたらだんだん音がでかくなって「うるさいわ!」が結局一番ウケるんですけど(笑)、また新しいスタイルを模索していきます。

葉加瀬太郎

1968年生まれ。東京藝術大学在学中の1990年、クライズラー&カンパニーのヴァイオリニストとしてデビュー。1996年解散後ソロ活動を開始。毎年全国ツアーを開催し、多岐に渡る活動の中で音楽の素晴らしさを伝え続けている。

松浦真也

1976年生まれ。2005年、金の卵オーディションに合格し、吉本新喜劇に入団。ギター演奏を得意とし、すっちーとのユニット「すち子&真也」で「歌ネタ王決定戦2013」優勝。森田まりこと「ヤンシー&マリコンヌ」としても活躍。

Tamayo's STORY

朝のルーティン教えて。

珠代の好きなもの30!

今日から誰でもすぐできる!
パンティーテックス講座

＼元気になる!力が出る!／
ご利益あり!?
珠代の特別限定
ステッカー封入!

Cover Girl
島田珠代

楽しい時間のこと、パートナーのこと
珠代スペシャルインタビュー

珠代の 朝のルーティン

7:00 愛猫・ルルちゃんに起こされて起床

もう少し早く起きたいけど、
夜に飲みに行くのも楽しいし…

7:15 ルルちゃんのトイレ掃除をしてご飯を用意

私も作れるときは作るんですけど、
最近は娘が自分で作るようになりました

キッチンでは娘さんが自分のお弁当作りの真っ最中

7:50 娘さんを送り出す。部屋に掃除機をかける

8:00 洗濯機のスタートボタンをポチッ

洗濯機を回す46分間は、ゴロッと寝転んで、
スマホゲームをしたり、ちょっと居眠りしたり…
のんびりできる時間がすごく幸せかな～

8:50 シャワータイム

シャワーを浴びながらお湯でうがいするのが大事なルーティン。
ノドを温めたら、寝ている間に溜まった老廃物を出せてすっきり！

9:30 なんばグランド花月に向けて出発

道すがら、黒門市場そばの「小判屋」でカツオのおにぎりを2つ買います。
楽屋で目をつぶりながら味わって、喜びを噛み締めます

Morning Routine

Profile

しまだたまよ／1970年大阪府生まれ。1988年、高校2年生の時に『4時ですよ〜だ』（MBSテレビ）の素人参加コーナーに出演したのをきっかけに芸人としてデビュー。心斎橋筋2丁目劇場での出番を経て、吉本新喜劇でコメディエンヌとして活躍。「珠代、パンティーテックス」「珠代のおっぱい、チョモランマ」などハイテンションなギャグで人気者に。2023年には芸歴35周年を迎え、なんばグランド花月で初めて座長公演を開催。2024年3月には新喜劇65周年イヤーをけん引する"吉本新喜劇の顔"に就任。同年9月には自身初の自伝『悲しみは笑い飛ばせ！島田珠代の幸福論（仮）』（KADOKAWA）発売予定。

「男性は顔より人間力を見るようになりました」

珠代の好きなもの30!

Tamayo's Favorite 30!

いつも元気な珠代さんから
大好きなものを30個、教えてもらいました。
常に行動をともにする
ぬいぐるみ「ゆき姉さん」から始まって、
ファッションアイテムから
聖子ちゃんやゲームのことまで、
珠代さんのさまざまな
偏愛ぶりが伺える
エピソードが飛び出しました。

49年間肌身離さず
いつでも一緒!

01. ゆき姉さん

ゆき姉さんとの出会いは、5歳の誕生日のこと。「実は別のぬいぐるみが欲しかったのに、母からゆき姉さんをプレゼントされて、こんなの欲しかったぬいぐるみじゃない…って泣いちゃって、数日間放置しちゃってたんです」。
でも、よく見るとかわいいと気づき、それからはずっと一緒なんだとか。高校でモノマネやギャグをして友達を笑わせていた17歳の女の子が、突然お笑いの世界に入ったわけですから、舞台でスベったり、人間関係に悩んだり、壁にぶつかって涙を流すことも。そんなときにいつも隣にいてくれたのがゆき姉さんでした。
「涙を拭ってくれたり、ペロペロと舐めてくれたりして、『がんばりなさい！』『大丈夫よ！』って、私がかけて欲しい言葉をくれるんです。そんな涙やヨダレが染み込んだゆき姉さんの香りは、私の人生の香り。今も、家に帰ったらまずゆき姉さんをかぐんです。娘からは『家に帰ってからずっとかいでるけど、一度ガマンして！』って言われるんですけど、『うぅ～！』ってなっちゃってガマンできないので、娘から隠れてゆき姉さんに顔をうずめています」。
ゆき姉さんの衣装は全部で10着ほど、ビキニ水着もあるんだとか。しかし、ゆき姉さんも今年で49歳。「（ゆき姉さんの声で）もうビキニはいいよ～着れないよ～、って言ってますね」

02. 穀物酢

楽屋にマイボトルを持ちこんで、1〜2週間に1本のペースで消費。ちなみに何でも酢をかけて食べるようになったのは、小学6年生の頃。「母が作った酢じゃこを食べたときに、ごはんに合うし、しかも疲れも取れる気がする！って思ったんです」。数ある酢の種類のなかでも、あくまでも穀物酢にこだわる。そのため、中学2年生のときにある事件が……。「仕事帰りのお父さんに酢を1本お願いって頼んだら、寿司酢を買って帰ってきたんです。寿司酢はダメなんです、ちょっと甘いから」。それに父親は激怒し、取っ組み合いの大ゲンカに発展。また、妊娠中は穀物酢のトマトジュース割ばかり飲んでいたそうで、「娘は『お母さんのお腹にいたとき、ずっと酸っぱかった気がする』と言って、今も酢がキライです（笑）」

03. 銀縁メガネの男の人

「私がめちゃくちゃ目がよかったんで、逆にメガネに憧れているのかも」と、恋い焦がれる人はいつもメガネの男性。銀縁メガネのクールなインテリ風の雰囲気に惹かれるそう。「かしこそうに見えるし、メガネを外したときの目を細めるしぐさ……好きですね〜」

04. 「錦そば」のかけうどん

「一度でいいから、かけうどんのお風呂に入ってみたい！」と言うほどのうどん好き。なかでも柔らかめの昔ながらの大阪うどんが好みで、なんばパークス近くにある立ち食いの「錦そば」のかけうどんがお気に入り。「立ち食いだからおっちゃんばっかりで、伏し目がちに店に入るんですけど、もうご主人に覚えられていて『ネギ抜きだね！』と声をかけられます」とすっかり常連に。食べ始めると「なくなってほしくない」という気持ちがあふれ出るため、ゆっくり1本ずつ食べるのが珠代流。新喜劇の姉さんたちと一緒に食べに行くと「『ゆっくり食べや』とは言ったけど、そこまで時間かかるのはないわ〜」と呆れられるという。

05. 生エビの寿司

珠代と娘の月に一度のお楽しみが、高島屋の寿司バイキング。「私は生エビばかりを15貫、娘はサーモンばかりを15貫買います。『そろそろあれ、する〜？』みたいな感じで（笑）。月に一度の贅沢です」

06. 「小判屋」のカツオおにぎり

おにぎりの具はカツオ一択で、劇場に入る際は黒門市場近くにある「小判屋」のカツオおにぎりを2つ買うのが習慣。「おにぎりのカツオの具って、でんぶになっているのが多いんですけど、小判屋さんの具はカツオ節と醤油を絡めたやつが入ってて大好き。おばちゃんにいつも感謝してます！って言いながら買います」。カツオ節そのものも大好きで、あつあつの白飯に醤油をたらし、大ぶりのカツオ節をトッピングし、湯気でゆらゆら踊るカツオ節を1分ほど見つめるのも至福の時間。

07. 男女7人夏物語

昭和のトレンディドラマは今でもDVDで繰り返し見る。「鎌田敏夫さんの脚本が大好きなんですよ。それも、ワクワクする男女の物語……！」。1週間かけて『男女7人夏物語』を観て、翌週に『男女7人秋物語』を鑑賞。そして次の週は再び『男女7人夏物語』を観て……というルーティンを30代の頃から続けている。「とくに『夏物語』のオープニング！ 石井明美さんの『CHA-CHA-CHA』のイントロが流れて、それに合わせて出演者の映像がモノクロになって静止する。これが最高なんです！」

08. ジップロック

ジップロックといえば食材の保存に重宝するものだが、珠代の場合は「メイク道具入れにも使ってます」。クリアで中身が確認しやすく、開け閉めも簡単。

09. LINE ポコポコ

一時期、新喜劇女優の間で流行したゲーム『LINE ポコポコ』。現在は、末成映薫、浅香あき恵、未知やすえ、そして珠代がプレイ継続中とか。「後輩からは、『まだやってはるんですか？ 時代遅れですね〜』って言われるんですけど、今もやってる顔ぶれを見ると新喜劇の女性座員として長く居座るためには、ポコポコをせなあかんのちゃうかな？って。どこか通ずるものがあるんちゃうかと思うんです」。ちなみにランキング最上位は未知やすえ。珠代は「雲の上の人」と呼んでいる。

10. からだすこやか茶W+

出先でお茶を買うときはいつもコレ。「"脂肪の吸収を抑え、糖の吸収をおだやかにする"というのを信じる女です。信じています」

11. 万華鏡

手のひらサイズで神秘的な世界へといざなってくれる万華鏡は、妄想好きの珠代にもってこい。「覗くだけで、自分の世界に没入できるから好き」

12. 小説集『99のなみだ』

『99のなみだ 涙がこころを癒す短篇小説集』を読んでは、毎回大号泣。ついには酒井藍から「これを読むと、泣いて顔が真っ赤になるからダメ」と"禁止令"が発令されてしまった。「今は私が読めないように、藍ちゃんに貸し出してます」

13. 龍角散

舞台でノドを酷使したあとは、必ず龍角散で和らげる！

14. 旭ポンズ

大阪・八尾生まれの『旭ポンズ』を冷蔵庫に常備。「ちょっとお高いんですけれど、豆腐をこんなにおいしくしてくれるポン酢は他にありません」。旭ポンズは瓶のフタが王冠になっているため、栓抜きが欠かせない。「栓抜きってほとんど使わないんですけど、旭ポンズのためだけに栓抜き置き場を作っています」

15. 鶏ササミ

肉より魚派だが、肉が食べたくなったときに選ぶのが鶏ササミ。「高島屋で朝引き鶏のササミを買って、塩コショウで炒めたり、旭ポンズをかけて食べたり。味が淡白なので、調味料と合わせやすいのもいいですね」

珠代の好きなもの30!

Tamayo's Favorite 30!

16. 行ったつもりの温泉旅行

温泉旅行に行きたいけど、なかなかそんなに休みは取れない日々。「だから、YouTubeで温泉に行ったつもりになれる動画ばっかり見てます。湯船に浸かって『あぁ〜っ!』って、温泉に入ったつもりで」

17. 『たこ咲き』のたこ焼き

結婚して名古屋に住んでいた頃に珠代が足繁く通っていたという、大須商店街の中にある行列が絶えないたこ焼き店。「たこ焼きの中でも、生地にトロみのあるたこ焼きが好きなんです。あのトロみが日本一おいしい!」

18. 聖子ちゃんのDVD『Video Bible』

珠代の青春の思い出のひとつ、松田聖子。DVD『Video Bible』は、各シーンを再現できるくらい何度も観たのだとか。「メイクアップアーティストの嶋田ちあきさんと聖子ちゃんのやりとり『聖子ちゃんって、ハム食べれないんだよね〜』『違うよ〜! もー!』とか(笑)。あと、当時付き合っていたバックダンサーのアラン・リードを紹介するとき、『アラン・リード! アラン・リードです!』って2回言うシーンも好き」

19. ディズニーの世界

ディズニーリゾートは好きだけどなかなか遊びに行けないので、妄想の世界で旅に出る。「金曜の夜だけは、我が家のベッドが特別なベッドになるんです。娘とゆき姉さんと3人でベッドに寝転がって、『じゃあ、準備はいい?』ってピポピポパポ〜ン♪ と歌うと、もうそこはディズニーの世界(笑)」。YouTubeで見つけたディズニーランドの紹介動画をプロジェクターで天井に投影して鑑賞。「実際に行けたら一番いいんですけど、いつでもベッド上の妄想で行けますから」

20. ゲーム『桃太郎電鉄』

休みの日には26時間プレイするほど。マックスで99年のうち、78年目くらいまで進めたそう。「最初の旦那さんとやったとき、全然容赦してくれないから、怒って家から裸足で飛び出したことがあるんです」。それ以来、コンピューターを対戦相手にして1人でやり込むようになり、腕も上がった。対戦相手のコンピューターキャラは、「エンマ」と「さくま鉄人」とあえて強豪を選んで自分を追い詰める。

21. 映画『サウンド・オブ・ミュージック』の『私のお気に入り』

気に入った映画やドラマは何度も何度も繰り返して見る。20代の頃は、それが映画『サウンド・オブ・ミュージック』。「でも、全編見ると長いので、早送りして『私のお気に入り』の部分だけ見てました。家庭教師役のジュリー・アンドリュースが、嵐の夜に子どもたちが怖がらないようにお気に入りのものの名前を連ねるシーン。ピンクのパラソルとか……もう何度も見ましたね」

22. わさび

刺し身を食べるときは、わさび9:醤油1の割合で混ぜたわさびをトッピング。「ツンとくるのがいいんです。白ごはんに練りつけて食べることもあります」

23. キャラクター『おぱんちゅうさぎ』

5年ほど前、娘とTikTokでショート動画を見ているときに知ってから「グッズもほとんど持っている」という大ファン。『徹子の部屋』に出演した際、思わずあふれた涙をぬぐったのもおぱんちゅうさぎのハンカチだった。「SNSで『おぱんちゅでしたね!』という書き込みをいっぱいいただきました(笑)」

24. 猫ちゃんの口

ルルちゃんという愛猫と暮らす愛猫家。猫のなかでも特にお気に入りなのが、閉じた状態の猫の口。「"猫の口グミ"というのが発売されたら絶対買うのに!」

25. 『ORCIVAL』のトートバッグ

「手持ちでもかわいいし、肩にかけてもぴったりフィットして歩きやすいです」。現在は淡いグレーのトートを愛用中。「今のは端っこがこすれて白くなってきたので買い物するときしか使ってないんですけど、基本的にはどこへ行くにもこのトートを持っていきます」

26. 『Paraboot』のコインローファー

金のビットが上品にあしらわれたローファーを素足で。時期によってお目見えするユナイテッドアローズとのコラボデザインは必ず購入するそう。「店の方に、コラボするときは、時期を教えてくださいとお願いしてます」という念の入れよう。今、履いているのは3代目。「買うのはいつも黒なんですけど、次は冒険してみたい」

27. 『BARI』のサンダル

現在、愛用しているのは限定色のイエローで、実に6足目。「デザインがかわいいし、ゴムがちゃんと足をホールドしてくれるので小回りが効くんです。底が割れるまで履きこんでから、次のサンダルを買います」。『相席食堂』に出演した際は、定番色の黒を履いて出演。「店のスタッフの方におかげでだいぶ売れましたと感謝されました」

28. 氷結ZEROシリーズ(シチリア産レモン)

「私の一番の癒やし」と推すのが缶チューハイ「氷結」のZEROシリーズ。「糖質、プリン体ゼロで、いくら飲んでも酔わないから心地よくってちょうどええ! 今の私を作っているのはこの『氷結』かもしれません」。しかし、このシチリア産レモンになかなか出合えないのが目下の悩み。「いろいろ探した結果、私の近所では大型スーパーかデイリーヤマザキにしか置いてなくて。もっと出してください!」

29. 納豆

納豆にも酢をかけて食べる!

30. 娘の笑顔

現在、高校生になった娘とふたりで食事に行くのが一番の幸せ。「学校での話とか、おしゃべりが楽しいです」

楽しい時間のこと、パートナーのこと special interview!

「あのケンカがあったおかげで、やっと“絆”という船に乗れました」。

珠代さんの日常生活のこと、
パートナーのこと…
ハイテンションな舞台の裏にある
思いや日々の暮らしについて、
まっすぐ語っていただきました。

Q 私の楽しい時間

仕事帰りに待ち合わせして、娘と外食するのが一番の楽しみ。私はお酒を飲んで、娘は食べて、たわいもないおしゃべりするのが至福のひとときです。娘とは、(離婚によって) 保育園の頃から離れて暮らしていて、中学1年生からあらためて一緒に暮らし始めたんですけど、その頃に壮絶なケンカがありまして…。離れて暮らしてるときも定期的には会ってたんですけど、遊びに行くだけやから、いい面しか見てなかったんですよ。それで、「ママは私が多感やった小学校の6年間、何も見てへんやん。私の気持ちの移り変わりも知らんくせに、親ヅラせんといて!」って言われて、ワーッとつかみ合い。でも私も「たしかにそうやな」と思って。今は、娘に対して「親しき仲にも礼儀あり」という気持ちで接するようになりました。娘やからって何でもかんでも言うのはやめて、ひとりの友だちとして見ようって。そう切り替えてからはほんまに楽しくなりましたね。あのケンカがあったおかげで、やっと“絆”という船に乗れた気がします。まだ船出したばかりですけど (笑)。

Q 自分の本のこと

最近、テレビ番組とかYouTube、いろんな場面で自分のこれまでの人生を振り返ることがだいぶ多かったですね。話をするとき、なんかいつも泣いてしまうんですよ。そのたびに、あのときは私、ほんとにツラかったんやなって。自伝本(『悲しみは笑い飛ばせ！島田珠代の幸福論(仮)』／KADOKAWA、2024年9月発売予定)でも、子どもの話とかもいろいろ書かせてもらったんですけど、話をするだけでワッと泣いてしまう。涙が出るということは、けっこうがんばってたんやなって。振り返ってみて改めて、今だからこそ分かる感情もあるのかなって感じてます。

Q お気に入りのファッション

肌触りがいいリネン素材が好きで、できれば春夏秋冬、リネン素材の服を着ていたいくらい。それにリネンって、シワを気にしなくていいっていうのも大きいですね。洗濯物を干すとき、パンパンってちゃんとシワを伸ばすのは娘のものだけ。自分の服はどうでもいいです (笑)。そういう労力が少なくて済むのも、リネンのよさやな〜と思います。普段の服装は、もう何も考えずにストンと着れるデザインをよく選びます。だから、ワンピースとか、白いシャツにシックな色合いのパンツを合わせることが多いですね。

Q イライラしたときのストレス解消

イライラするのは、パートナーのひろしが原因のことが多いです。ひろしは頭が切れる人やけど掴みどころがなくて、それが魅力的でもあるんですけど……。なんかフワッとしていて、連絡が取れなかったり、待ち合わせにめちゃくちゃ遅刻してきたりすることがあるんです。仕事ってわかってても、私の中では「浮気してるんじゃないの!?」ってイライラ。かたやひろしは「それくらい、いいじゃないですか」という感じの人。でも、私のイライラを察したら、三つ指を付いて謝ってくれます。それで、すべてが終わります(笑)。ひろしはわかってるんです、謝ればすべてが終わることを。「普通、こんなことせえへんぞ!」「こんな男、なかなかおらんぞ!」って自分で言ってます (笑)。普段はひろしにお茶を出したり、大切にしてますよ!

Q パートナーとのこと

「女子はだんだんドキドキ、ワクワクすることがなくなっていくよ」って言われるけど、本当になくなってきたんですよね〜。でも、これでいいです。男の人の顔に惹かれることもあったけど、最近は“人間”としてのかわいらしさとか、そういうのを見るようになりました。
今、仲よくさせてもらっている、“ひろし”というパートナーがいるんですけど、めちゃくちゃ魅力的な人なんです。たとえば私と娘がケンカをしたら、ひろしは娘をかばうし、私とひろしがケンカしたら娘はひろしの肩を持つんです。そのトライアングルのバランスがすごくいいですね。ひろしが仕事から帰ってきて、ふたりで晩酌しながら『吉田類の酒場放浪記』とか玉袋筋太郎さんの『町中華で飲ろうぜ』を観ながら「行ってみたいね〜」ってしゃべってる時間が幸せです。

今日から誰でもすぐできる

パンティーテックス講座！

日常生活で、確認はつねに大切です。「あれ？ パンティーをはいたかどうかわからない」、または「スカートやズボンの中で、パンティーがヨレてしまっているかもしれない」。そんな不安に襲われたこと、ありませんか？ パンティーをはき忘れ、お腹を冷やしてしまうと健康にもよくありません。そんなとき、試してもらいたいのが「パンティーテックス」です。ここでは、「パンティーテックス」の切り出し方や心得など、正しい「パンティーテックス」を伝授。いざというときに披露しましょう。

Panty Texx!!

01 立ち姿

目の前にいる人に「私、今、パンティーをはいていますか？ わからないんです」と切り出します。続けて「布のあたりが8割方、ないんです」と不安を打ち明けましょう。布の割合は、そのときの感覚で決めます。

02 手拍子

親しき仲にも礼儀あり。まずは目の前の人に、「手拍子をいただけたら、はいているかどうか即席で調べることができます。手拍子をいただけたら幸いです」と了承を得ましょう。

03 ステップ

「ハイ！ ハイ！ ハイ！ ハイ！」と周囲の人々に手拍子を促し、一体感を高めていきます。そしてメインの掛け声「珠代、パンティーテックス！」と発声。「珠代」の部分にご自身の名前を入れるとオリジナリティーが出ます。

04 左足上げ

「パンティーテックス！」と叫んだ際に、ステップの弾みを利用して、左足を上げて反対側の右手で股間を勢いよくタッチ。その瞬間に、パンティーがどういう状態にあるかを察知します。

05 指差し

続けて右側にターン。「珠代！」と叫ぶ際に、手拍子をしてくれている仲間たちを指さすことでみんなの心がひとつに。「私たちも今、一緒に調べているんだ」という自覚が芽生えます。

06 左足上げ

左足と同様に、「パンティーテックス！」と叫びながら右足を上げて、反対側の手で股間をタッチして調査を続行。はいていない場合は強烈に痛いはず。ゴロゴロとした布の感触があった場合は、はいています。

07 右足上げ

いよいよダンスもクライマックス。「パンティー！ パンティー！」では、右足、左足を交互に上げて股間をタッチ。ボルテージは最高潮である一方で、頭はあくまでも冷静に。「はいている」か「はいていない」のかを判別します。

08 両手を高く上げ前歯を出す

「パンティーテーックス！！」の叫びと同時に両手を高く上げます。このとき、前歯を突き出して、「パンティーを確かめることで、自信を持って前へ進んでいくんだ」という前向きなメッセージを発信します。

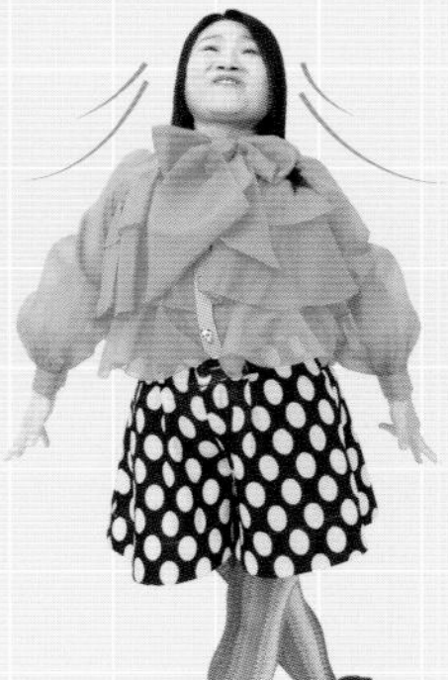

09 呼吸を整える

激しいダンス終了直後は心臓の鼓動が体中に響いているはず。両手をゆっくり降ろして深呼吸し、心身を落ち着かせます。

10 発表

さぁ、結果を発表しましょう。「はいてませんでした」。「はいていました」。結果はどちらになっても大丈夫。「パンティーテックス」に込められた大切なメッセージは「身近な人と分かち合い、調べる」。これが伝われば成功です。

パンティーテックスのツボ

その1 はいているかわからない場合は危険信号

「パンティーテックス」では、ごくまれにはいているかどうか「わからない」ときがあります。珠代によると、その場合は危険信号。自分の不安をいち早く払拭するためにも、まず全力で「パンティーテックス」をやり切ることをおすすめします。

その2 「まだわからない」場合は放屁で最終確認を

「パンティーテックス」を踊っても、はいているかわからなかった……。不安ですよね。そんなときはダンス「イモ食ってへーこいて前進む！ パンティーミストでゴゴー！」を試してみて。おならの激臭がダイレクトに鼻を直撃した場合は、はいていない可能性が高いです。おならがパンティーの布を通過した感触があれば、はいていると判断するといいでしょう。

応用編

「イモ食ってへーこいて前進む」はこちらの動画を参照ください。

祝!

吉本新喜劇65周年

各界の著名人の方々から
お祝いのことばをいただきました。

part.2

吉本新喜劇65周年、誠におめでとうございます！
関西人の私にとって新喜劇はとても身近な存在であり、落ち込んだ私を何度も救ってくれたのが、新喜劇ギャグの数々でした！　きっとこれからも、幾度となく助けてもらうことになると思います。
ありがとう！ 吉本新喜劇！
ありがとう！ パンティーテックス！

ナジャ・グランディーバ｜ドラァグクイーン

吉本新喜劇65周年おめでとうございます！　1996年3月に新橋演舞場で上演した「狸御殿」でチャーリー浜さんと共演して以来、吉本新喜劇を愛して28年。どんな時も僕を笑顔にさせてくれる大事な存在です。
これからも“人間臭い人間”を“笑いという魔法”で僕たちを笑わせ続けてください。
万歳！　吉本新喜劇！

松本幸四郎｜歌舞伎役者

吉本新喜劇65周年おめでとう御座います。私は本当に大ファンで、大阪での仕事が入ると、前乗りして新喜劇を観に行くほどです。時間があれば吉本！　テレビも吉本新喜劇！　今日はまだ笑ってないと気付くと吉本新喜劇！　心の癒しとなり、笑みを取り戻してくれます。
地方公演もついて行こうと、計画中。

森公美子｜歌手、俳優

※敬称略、掲載はページ内五十音順。

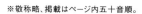

夫抜きで開催！

新喜劇カップルの

奥さま座談会

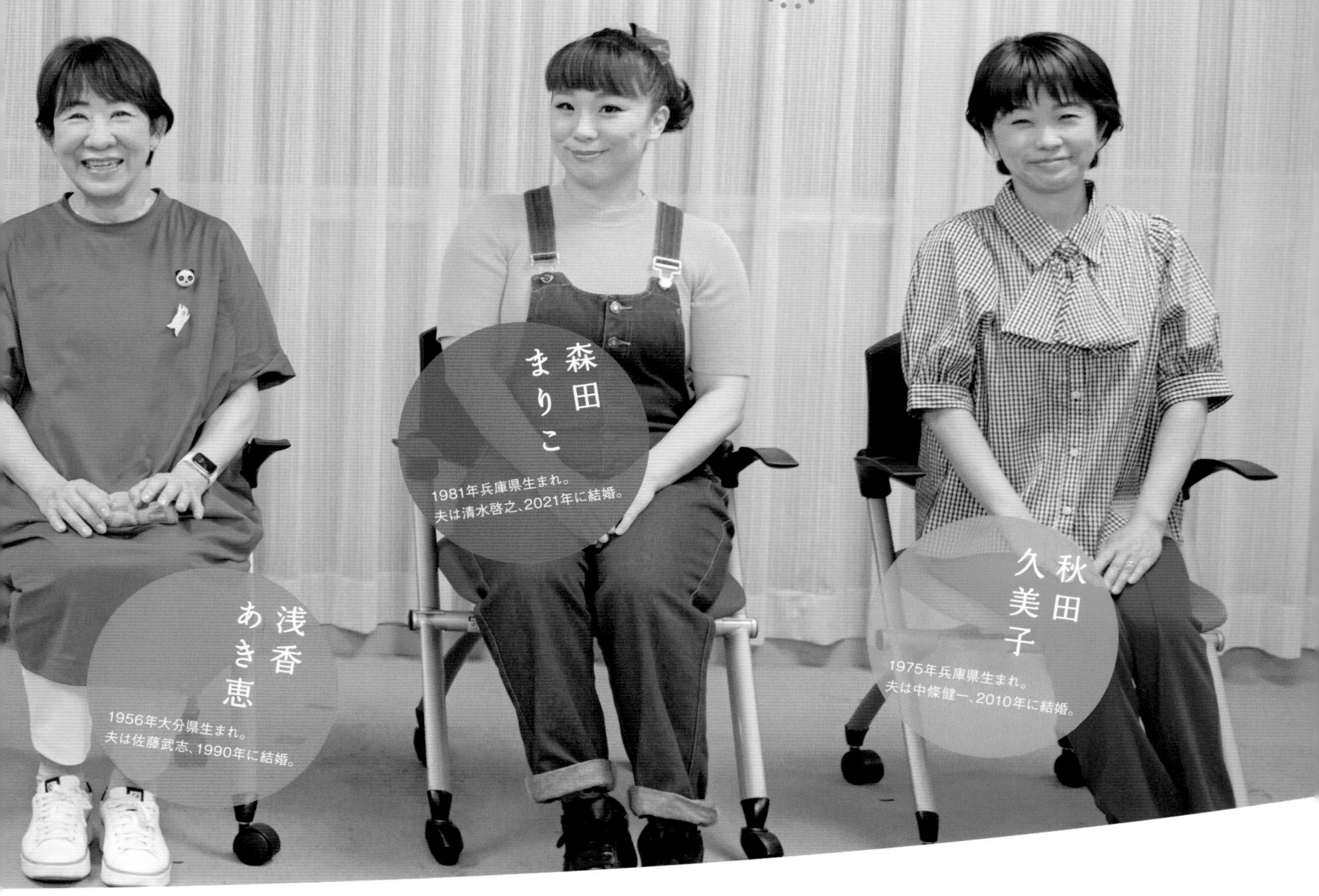

森田まりこ
1981年兵庫県生まれ。
夫は清水啓之、2021年に結婚。

秋田久美子
1975年兵庫県生まれ。
夫は中條健一、2010年に結婚。

浅香あき恵
1956年大分県生まれ。
夫は佐藤武志、1990年に結婚。

打ち合わせにお酒は必要か!?

千葉　僕は今日を楽しみにしてました。勉強させていただく立場としてみなさんのお話を聞かせてください。まずは「座員同士で結婚してよかったこと」ってどうですか？

浅香　まずは、お互い理解できること。時間が遅くなったり、急な打ち合わせが入ったとしても、事情を理解してくれているから動きやすいとは思う。

千葉　なるほどね。どっちかが普通のお仕事をされている方だったら「そんな遅い時間に打ち合わせなんて、本当かな？」って疑われる可能性があるし、ウソもつけちゃうけど、新喜劇の座員同士だったらそんなウソは付けないし、いいことですよね。真希ちゃんはどうなんですか？　今、（吉田）裕くんは座長になって、打ち合わせとか。

未知　忙しいと思うわ〜。

前田　注意していただきたいのは、「打ち合わせ」と言いながらもウソはつけるので……。

浅香　だって、お酒を飲みながらの打ち合わせもあるもんね？

前田　よかったことは私もあき恵姉さんと同じで、互いの都合がわかることが一番かな。それに、職場の環境も、みなさんのこともわかるので。

森田　共通の話題もありますしね。

千葉　確かにそうですね。自分が（産休・育休などで）休んでいる間も、職場の雰囲気を感じることができる。

前田　そうです。営業だったら、「今頃こんな

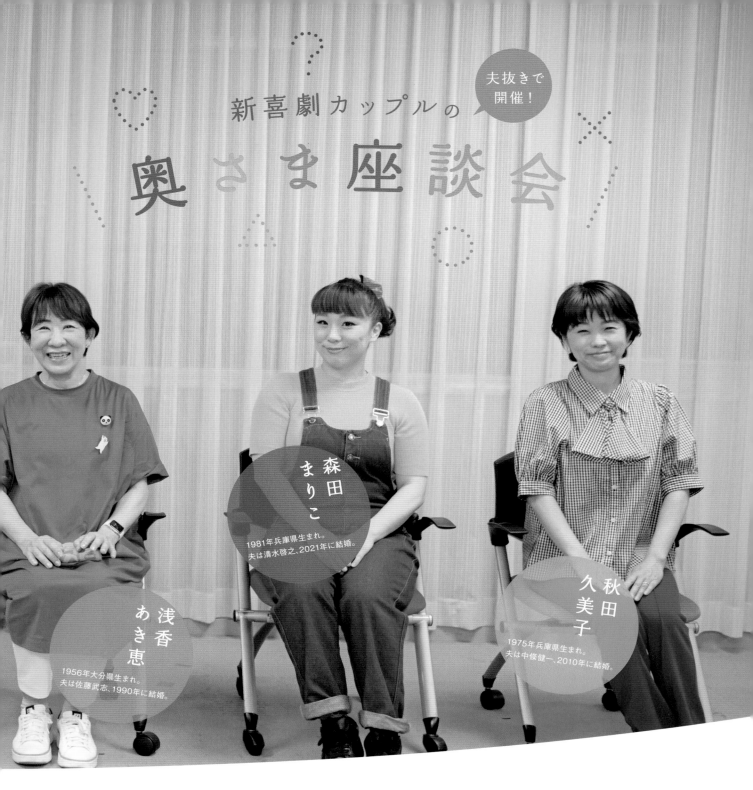

現在、新喜劇の座員同士での結婚は6組を数えます。
座員同士の結婚ならではのことを根ほり葉ほり伺えたら、
とあえて夫妻ではなく、妻だけの座談会を企画。
すると、そこまで語っていいの!? という赤裸々なエピソードが続出。
面白おかしくて、だけど、夫婦の鑑のようなイイ関係性は、
やっぱりどこか新喜劇の舞台のようで。
司会進行は、今年4月に結婚を発表したばかりの千葉公平です。

千葉公平
MC
1975年千葉県生まれ。
妻は鮫島幸恵、2024年に結婚。
前田真希
1979年大阪府生まれ。
夫は吉田裕、2018年に結婚。
未知やすえ
1963年大阪府生まれ。
夫は内場勝則、1992年に結婚。

感じかな」、夜なら「みなさんとお食事に行ってるのかな」とか、全部わかるから。

未知　だいたい、見えるよね。

前田　やすえさんもそういう時期はあったんですか？　妊娠されて、お休みされているとき。

未知　休んでる間も、わかります。仕事の内容とかスケジュールを全部カレンダーに必ず書いてくれてるんで。

千葉　時代を感じますねぇ、カレンダーに書くって。今は何でもスマホですけど。

未知　今はスマホもやし、マネージャーがちゃんとスケジュールもくれるじゃない？　昔はそうじゃなかったから、全部カレンダーに「○月○日、泊まり」とか書いてね。でも打ち合わせで遅く帰ってくるのはもちろんある。「打ち合わせやのに何でこんなへべレケやねん！」とか。

全員　（笑）

未知　「そんな状態で、何を覚えてんねん！」っていうときもあるよ。

前田　（激しくうなずきながら）めっちゃ多いです！

未知　あるよね!?「そんなへべレケで」って！

秋田　裕は、飲んで家に帰ったときは、「玄関前で自分の頬を3回たたいてから入るんです」って言うてた（笑）。

千葉　そんなんじゃ酔いは覚めませんよねぇ（笑）。

前田　バレてます！

未知 ウソはついてへんし、つかれへんし、初めはほんまに打ち合わせやったと思うよ。お稽古が終わって、「これ、どうしよう?」「ああしよう」って。それは、自分も一緒にそこにおったから分かるんよ。分かるんやけど、メンバーを聞いたら、誰も覚えてへんねん。

浅香 打ち合わせはあったんよ。あったとしても、その後の「ちょっと(飲みに)行こうか」となって話し出したら長くなる。噂で聞いたんやけど、真希ちゃんとこ、(吉田が)帰ってこなかったことがあったんやって?

前田 ありました。近所の後輩のお家に泊まってて。で、次の日のお昼に帰ってきたので大ゲンカ。

森田 うわー、腹立つわ~! そんなんもう(ドアチェーン)ガチャンや!

前田 でしょ~。もう「チェーン、しとく!」って言って。

浅香 ドアチェーン、したん!?

前田 最初はしとくって言ったんですけど、私もやっぱり……優しいから……。

全員 (笑)

浅香 心配になってくるよな。腹立つのは後で理由がわかってからやけど、帰ってくるまでの時間が怖くて怖くて。「何かに巻き込まれたんちゃうやろか?」とか。

前田 妹(前田まみ)とも「帰ってけえへんから、警察に連絡したほうがいいんかな?」っていう話にまでなってて。(吉田が)帰ってきたら「ごめん、寝てた」って……。

千葉 ちょっとみなさん、そろそろ「よかったこと」を話してください(笑)。

森田 私が結婚してよかったことは、一緒におれる時間が長いこと!

千葉 すてき!

森田 だって私、(清水)啓之くんが〝推し〟ですから、推し活してるみたいなもんなんです。

秋田 大好きやんね~。

森田 出番が一緒のときは、推しの人が近くで見られるからうれしい。「かわいい~!」って。

千葉 本当に「いつも一緒にいたい」って言ってますもんね。でも、ある時期から啓之くんが「気づいたらリビングで寝てるんですよ」って。夜はいつも一緒に寝るらしいんですけど……。

森田 いつもベッドで手を繋いで寝るんです。手を繋いで寝たら、寝付きの悪いまりこがスッ……と眠れるんですよ。

浅香 まりちゃんが、ね?

森田 そうです。でも啓之くんは、パッと起きてトイレに行って、そのままリビングに行って床で寝ちゃって、朝、私が起きたら隣はもぬけの殻。それでケンカっていうか、「リビングで寝られるのが一番のストレスやから、お願いやから治して」って言い続けてもう3年経ちました。けど、いまだに治らへんからついに言うのを諦めました。

千葉 でも、毎晩じゃないんでしょ?

森田 ほぼ8~9割、朝はリビングにいます(笑)。

千葉 でもほら、まりこちゃんが寝入るまでは手を繋いでくれてるんでしょ? めちゃくちゃいい旦那さんだと思いますけどねぇ。

秋田 久美子

夫婦の間でだけ見せる意外な素顔

浅香 くーちゃん(秋田)とこの旦那さんは、お掃除やお洗濯とか、めちゃくちゃしてくれるんやよね?

秋田 どんなに朝が早くても、掃除と洗濯を絶対にして行くっていうのがルーティンなんです。で、たとえば私がイベントとかやらせていただいたとき、それが終わると次の日に絶対、花束を買ってきてくれるんです。

女性陣 わぁぁ~~!

未知 なにそれ!? 「お疲れさま」って?

秋田 はい。

未知 ひぃ~~!!

浅香 たまに(中條と)イベントが一緒になるやんか。そしたら「ママ、かわいいなぁ、かわいいなぁ~」ってずっと言うんやもん。まわりにみんな、おるねんで!?

女性陣 えぇ~!?

千葉 確かに、営業で久々に秋田さんご夫婦と一緒になって、そのとき僕も一緒だったんですけど、中條さんは「ふたりきりで過ごしたいから同じ部屋に泊まりたい」って言ったら、秋田さんに断られたって(笑)。

全員 (笑)

千葉 秋田さんは本当に「ひとりになりたい」と。

秋田 「ひとり部屋でお願いします」って(笑)。

森田 えー! でも、たとえば東京の仕事で新幹線に乗るとき、私は夫婦隣同士にしてほしいんですよ。新幹線とか飛行機とか、横がいいねんって。ねぇ、やすえ姉さん?

未知 ……えっ?

全員 (笑)

森田 そんな話、しませんでした? 「横に知らん人が座るより」って。

未知 新喜劇で移動するときは、離れていいんですよ。でも、ふたりだけで移動するときは、知らん人が隣に座るぐらいやったら…っていう。

千葉 内場さんって無口というか、「家で全然しゃべらない」って言ってるじゃないですか? でも、僕こないだ祇園花月の出番があって、京阪電車のプレミアムカーに乗ったら、偶然、前の座席に内場さんとやすえさんが座っていたんです。朝だったし、あとから挨拶すればいいか……と思って座っていたら、聞き耳を立てているわけじゃないけど、ちょっと会話が聞こえてきて。そしたら内場さんが「ウソやん、それ～」とか、けっこうしゃべってて、「仲睦まじいなぁ～」と思って、すごい幸せな気分になりましたね。

浅香　私、うらやましいねん。私のとこの旦那とうっちゃん（内場）って似てるところがいっぱいあるねんけど、うっちゃんは物言いがやさしげやねん。電話とかでも、「うん、うん」って。反対に「あぁ！　わかった！」っていうのがうち。

全員　（笑）

千葉　ひとまず、まりこちゃんのところは結婚して「よかったこと」だらけってことじゃない？

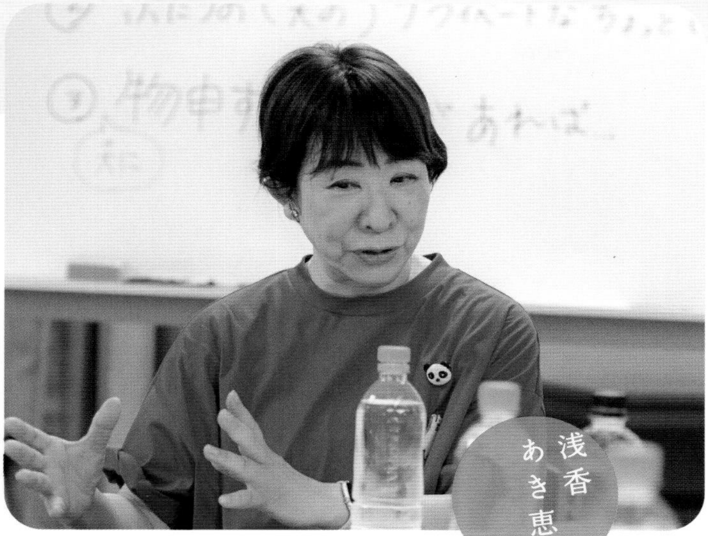
浅香 あき恵

森田　そうですね。あと、私のスケジュールまで啓之くんが管理してくれてます。

浅香　わかる！　私もどんだけパパに助けられたか。しっかりしてるから、「今日、朝早いん違うんか？」って私の仕事もしっかり把握してくれてるの。

未知　だって、毎日（佐藤が）送ってくれてるじゃないですか。

千葉　愛されてますねぇ。

浅香　あと、言葉遣いがやさしかったら言うことないんやけどねぇ。

千葉　いいじゃないですか、そこまでやさしかったら。秋田さんは、結婚してよかったことは？

秋田　仕事の大変さもよさも全部わかってくれてるので、さっき言ったみたいに、帰ってきたときは「ママ、お疲れさまでした」って玄関で言ってくれるとか、すべて理解してくれているのが本当にうれしいです。楽日は「ママ、ごはん作らなくていいからどこかで食べてきてね」とか、そういうのを言ってくれるのがめちゃくちゃうれしいですね。

未知　言葉に出してちゃんと言ってくれるのね。

浅香　そう！　本当にそうなのよ。それが大切なの！　言葉足らずはダメ！　あなたもこれから注意して！

千葉　は、はい！　わかりました……！　言葉に出してちゃんと言ったほうがいいんですね。

秋田　本当に。「大変だったね」とか「がんばったね」とか。

未知　（吉田は）言ってくれる？

前田　言ってくれないです。だから今、びっくりしてる。

全員　（笑）

千葉　言ってるけど気づいてないだけじゃないですか？

前田　そんなこと、あります!?

千葉　（吉田のモノマネで）「ヴォヴォゥ、ヴォヴォゥ」って（笑）。僕はいつも裕くんとしゃべってて、半分くらい聞き取れないので。

前田　早口で何を言っているか、わかれへんときはありますけど（笑）。

浅香　でも、真希ちゃんが、今日の座談会でこんなお話したって言ったら、あの子はあの子なりに、反省するタイプやとは思う。

前田　そうですかね～。

森田　言わへんのはカッコつけやからやと思う。言わへんのがカッコいいって思ってる。

前田　たしかにカッコつけなんです、全部が！　職場でも、顔を合わせたらクールな態度を取るんです。だから私は「職場でのあんた、キライ！」って言ってるんです。

浅香　どうやってほしいの？

前田　普通でいいんです！

千葉　逆に、家ではどんな感じなんですか？

前田　普通に喋るんですけど、職場では「ねぇ」って声をかけたら「あぁ……」って。なんか、いちいちカッコつけるんです。恥ずかしがってるのか、一緒にいるところをあまり見られたくないのか……。

千葉　カッコつけてると思います、ヤツは。「俺は、座長や。座長は職場では、妻とはしゃべらへんのや……」っていう（笑）。でも、舞台の合間に子どもを見に、まめに家に帰ったりとかするじゃないですか。

前田　……。

千葉　あれ？　してないの？

前田　ときどき、ですけど……。

森田　あら？

秋田　あれ…？

前田　そういうところは、座員同士で結婚して大変だったことかもしれないです。座員同士だと、バレるんですよ（笑）。

千葉　新喜劇はそうですよね。すぐに話が回るから。

前田　「え、なにそれ？　どういうこと？」っていうのがすっごい多いです。「禁酒する」って約束したのに、「真希姉さん！　この前、裕兄さ

千葉 公平

森田まりこ

んに飲みに連れて行ってもらって」っていう話がたまたま入ってきたり。

千葉　あららら……。そういうときは言うんですか?

前田　すぐに言います。最初はごまかしますけど、結局最後は「新喜劇の後輩と将来について語り合ってた」とか。

全員　(笑)。ほんまか〜?

秋田　真希、こないだ言うてたもんね。「『今から帰る』の連絡来た後が長い」って。

前田　そうです。1〜2時間。「あなたの『今から帰る』はどれくらいの時間?」って聞くんです。

浅香　裕のばらし合いみたいになってる(笑)。

千葉　難しいところですよね〜。

一緒に入る!? 絶対ひとりで!? のお風呂事情

森田　こっちは体のことが心配やから言ってるのに、口うるさいオカンみたいな態度を取ってくるでしょ!?「いや、私のことオカンって思わんといて。あなたの奥さん! かわいい彼女!」。愛情で言ってるのに何で伝われへんのかな。啓之くんは、お酒を飲まへんかわりにめちゃくちゃ食べ過ぎるんですよ。

千葉　あぁ〜、そうだね。

森田　「ごはん食べに行ってくるわ」って焼き肉を食べて帰ってきたのに、「まりちゃん、ちょっとおにぎり作ってくれる?」って。ハァ〜……。それで夜中の1時におにぎり作って。

秋田　作ってあげるんや!

森田　作るんですけど、内緒で雑穀米とかコンニャク米をちょっとずつ混ぜたおにぎりをあげるんですよ。ちょっとカロリーオフの。ジュースも飲み過ぎるから、「体によくないからやめて」って言うと「やめてくれ、言われたらストレスでよけい食うで」って脅してくるんです。

千葉　管理しないとだもんね(笑)。でも、全部言うとまたストレスになっちゃうから、リビングで寝ることだけはOKにしてあげるとか。

森田　それは諦めました。

千葉　僕も一度だけ、あるんです。啓之くんに聞いたとき「なにそれ!?」って笑ってたんですけど、僕もある日の朝、気づいたらリビングで寝てたんです。

森田　千葉さん、そうなるの早くないですか? ひとりになりたいから?

千葉　いや、本当に記憶にないんで、何とも言えないんですけど。でもそのとき、啓之くんの気持ちがちょっとだけわかった。一緒にいたくない、とかじゃないんですけど、何なんでしょう、あれ。

森田　鮫ちゃんに「一緒にお風呂、入ってるの?」って聞いたら「入ってます〜」って言ってましたよ。

女性陣　ひゃ〜〜!!

千葉　すいません、ほんとに(笑)。

森田　先にお風呂に入って、あとから呼ぶんですって。うちと同じやん! と思って。

浅香　えっ!? あんたんとこも一緒に入ってるってこと?

森田　入ってます。

浅香　絶対に入らんけどね! 至福のお風呂タイムを!

未知　結婚しても、ひとりの時間っていうのは欲しくなるよね。

浅香　やん(未知)のとこはどうなん? お風呂、一緒に入るん?

未知　入りません!

千葉　昔はどうなんですか?

未知　昔も入りません! 一緒に入ったことないと思う。

浅香　私はね、お風呂はゆっくりとひとりで楽しむのがベストなのよ。たぶん、やんにとってもお風呂はひとりでゆっくりする空間やと思うねん、トイレと風呂は。

未知　トイレはもともとひとりで入ってます(笑)。

森田　逆に、お風呂しか遮断する空間がないんです。リビングにいると、テレビ観たりスマホ触ったり、ふたりともお互いそれぞれの時間をぐーたら過ごすから、会話があまりないんです。でもお風呂って、頭を洗って湯につかるしかないから、ちょうどしゃべられる空間なんです。

浅香　秋田さんのところはどうなんですか?

秋田　うちは中條さんが言うんです。「ママ、一緒に入ろう」って。

千葉　すっごいイヤそうな顔してる(笑)。

秋田　「めっちゃイヤ〜!」って言って……。

千葉　昔は一緒に入ってたんですか?

秋田　入ってました。だからその流れで「昔は

前田真希

一緒に入ってくれてたやん」って言うんですけど……。

森田 寂しいんや（笑）。

秋田 だからこないだ、息子に「ママ、ちょっと冷たすぎるで」って言われました。

未知 男の子やから男の気持ちがわかるんやね（笑）。

浅香 3人で入ったらいいねん。

秋田 いや～……。私も今はひとりになれる空間が大事なんで、だから泊まりの仕事のときも絶対にひとり部屋。あのひとりの時間が大事なんです。

千葉 年に何度かだけ一緒に入ってあげたらどうですか？ それで、あの整髪料で固められた髪を洗ってあげてください（笑）。

記念日の驚くべき 夫たちの振る舞い

千葉 みなさんの「プライベートのちょっといい話」みたいなのも聞きたいです。

浅香 私たちはハワイで結婚式したんですけど、パパがサプライズ好きで、結婚5周年のときに急に「ホノルルマラソンに挑戦したい」と言い出して、家族でハワイに行ったら、シャンパン買うだなんだ言うから「何を言ってるんやろ？」と思ってたんです。そしたら、「このハワイで、（結婚記念日の）12月14日にワインで乾杯したかった」というサプライズだったんです。

千葉 すてきじゃないですか！

浅香 でしょう？ そして、10年目。私も期待する。「10年目は何くれるんかな？」とかね。ほら、10年目ってスイートテンダイヤモンドとかあるでしょう？ 「スイートテン、あんのかなー？」ってずっと言ってたら、12月14日がスーッと終わって、あら!? と思ってたの。そしたら、12月24日の夜、「子どもを寝かしつけてくれ。あとは俺が全部やっとくから」って言うので、私は子どもと一緒に先に寝たんです。そしたら次の日の朝、子どもが「ママ！ ママにもサンタさんからプレゼントがあるー！」って。

千葉 あら！

浅香 開けたら、ダイヤモンド。

全員 わぁ～～!!

浅香 やさしいでしょう？ 15周年もあるんです。15周年で（プレゼントは）終わっちゃったけど…。15周年も帝国ホテルのスイートルームを取って、ネックレスとサプライズケーキと……。

千葉 そんなふうに見えないけどしっかりしてる！ 内場さんは？ サプライズとかは。

未知 ございません！

全員 （笑）

浅香 そんなことないやん。やんが酔っ払ってえらいことになったって言ってたやん！ うれしすぎて、お酒飲まれへんのに飲んでベロベロになって。

未知 あー、ワッハッハ（笑）！ あれは、結婚記念日の何年目かのとき。そのときはどこに行くにも新喜劇メンバーと一緒やったんです。でも、たまたまホテルのチケットをもらったんですよ。それで「行こうか？」って誘われて、「ウソォ!?」ってうれしくて。それで（末成）映薫姉さんに「今度、内場くんとふたりで行くんです！」って話したら「ええやん！ やん、そういうときはな、ちょっとお酒を飲むねん。ほんで、甘えなさい。あなたは甘え下手すぎるから、『お酒、付き合おうかな』ってお酒をちょっとだけ飲む。それだけで、うっちゃんは喜ぶから」って。それで、ホテルのバーに行ったときにきれいなカクテルがあったんです。「私、ちょっとだけ飲もうかな」って言ったら（内場が）「えっ !? 飲む？ ええよ。カクテルはきついから気をつけや。薄めにしてもらい」って。飲んだらおいしくて、ギュギュギュ！ って飲んで、2杯目も飲みましたギュギュギュ！ って。

未知やすえ

森田 やすえ姉さんが!?

未知 うん。「大丈夫か!?」って聞かれて「大丈夫と思うわ～!!」って大きい声で言ったらしく……。部屋に帰るときもフラフラでちゃんと歩けてなかったみたい。部屋に帰ったら、便器を抱えっぱなし。朝起きたら、服を着たままで寝てました。

千葉 へぇ～、珍しい。そんなこと、あるんですね。でも、内場さんからしたらうれしかったんじゃないですか？ そうやって一緒に飲んでくれたこと自体が。

未知 さすがに怒られなかったです。

千葉 でも、どうなんですか？ サプライズじゃないにしても、記念日は、男性側はどこまでやればいいんですか？ 結婚記念日もあれば、誕生日もあるし。

浅香 本当にさり気なく、「今日は記念日やから」と言われたら、本当にうれしいと思うよ。

千葉 やっぱり結婚記念日が一番大事ですか？

浅香 いや、そういうことじゃないのよ。

千葉 そういうことじゃないんだ。難しいな……。

秋田 「付き合った記念日」までありますよ。中條さんから「今日は、俺が『付き合って』って言った日だよ」って言ってきます。

未知 すごー！

秋田 そのときに小さいお花を買ってきたり

とか、一回ずつ記念日ごとにやるんです。

浅香　まめ！ そんなふうに見えないよね!?

秋田　職場ではそこをすっごい見せないなと思ってます。

浅香　ちょっと！ 真希ちゃんがものっすごい驚いてます。

前田　真逆！ 誕生日でも、夜まで何もないから「今日、何かあるの？」って自分から聞いたりとか。もう、自分から聞いちゃいます。あまりにもないから。

未知　え、結婚記念日とか、お誕生日も？

前田　結婚記念日は、お互い忘れてたときもあって……。

全員　（笑）

千葉　お互いならしょうがないですね（笑）。

前田　でも私は、旦那さんに、忘れてたとしても、やってほしかったなって。

浅香　そら、そうやね。別に、プレゼントがほしいとかじゃないけども、言葉のひとつでもいいから「これからも一緒にがんばろうな」とか、何か言ってくれたらうれしいもんな。

前田　はい！

森田　千葉さんは、啓之くんに言ってくれはったんですよ。啓之くん、結婚記念日に、ええとこのオーガニックのハンドクリームをプレゼントしてくれたんです。「えー!? うれしい！ どうしたん!?」って聞いたら、「千葉さんに言われてん」って。買ったほうがいいよって。

千葉　それは、きっかけは啓之くんなんです。なんかソワソワしていて、声をかけたら「もうすぐ結婚記念日なんですよね～」って。だから、本人も気にはしていたんですよ。でも照れているのか、「何をあげたらいいのかわかんなくて」って言うから、それで「ハンドクリームとかどうなの？」と言ったくらいで。

森田　うふっ♪「ありがとう～、こんな高いもんじゃなくてええよ～」って言いました。

千葉　（清水は）実はちゃんと覚えてるし、考えてますよ。でもそこが難しいんです。「こっちが考えたものをあげて、本当に喜ぶだろうか」っていう。私が何かを選んで買ってきても、気に入らないかもしれない。

浅香　気に入らないはずがないじゃないですか！ 愛する人の選んだものを、なにが気に入らないとかありますか？

未知　あるある（笑）。あるよね？

秋田・前田・森田　はい（笑）。

千葉　一応聞いておきたいです（笑）！ もらって、「これいらんな」ってなったもの、ありますか。

森田　うちは、先に「高いもんはいらんから、欲しいものを言うわ」と伝えてるので、いらんものをもらったことがないです。

未知　ない！ あ、そうか、話し合うから。

秋田　うちは、めっちゃくちゃスッケスケのシューズみたいなやつ……。

千葉　シューズ？ それは、はいたんですか!?

秋田　一度はいたんですけど、足の痛みに耐えきれなくなって、はかないようになったのを（中條が）察して、「ダメやった？」って。そこから彼は、現金派になりました。

浅香　それが一番ベストやね。「これで好きなもん、買い」ってね。

未知　真希ちゃんは、もらって何がいらんかった？

前田　腰の上までスリットが入ったワンピース。

全員　（笑）

浅香　見えてるやん！ もうワンピースちゃうやん！

千葉　それは着たんですか!?

前田　着れないです。中にレギンスをはいたとしても着れない！

未知　着てほしかったのかな？

千葉　家で着てほしかったんじゃない？

未知　セクシーにね？

前田　デニムとかをはいて、上に重ね着みたいにして着るワンピースやと思うんですけど。

千葉　それを一度も着ていないのを、裕くんは残念がってないの？

前田　言いましたもん。「着られへんわ！」って。試着してみて「ほら、これ見て？ 丸見えやんな？ どうやってはくん？」って聞いたら「どうやってはくんやろうな？」って。

千葉　裕くん自身が私服はけっこう攻めるタイプだから、その攻めが出ちゃったんだ。やっぱり男の趣味は入れなくていいんだな。やすえさんはいらないプレゼントってあります？

未知　おしゃれやし、ありがたいんですけど「いつ使うねん」っていう、ちぃちゃーいバッグ。「何を入れんねや？」と。ケータイも入れへん。ハンカチだけ。

千葉　やっぱり「欲しいものは何？」って聞くのがいいんでしょうね。

浅香　現金はいいと思いますよ。「これで好きなもの買ってきて」って。

千葉　ちょっと参考にさせてもらいます！

祝!

吉本新喜劇65周年

各界の著名人の方々から
お祝いのことばをいただきました。

part.3

バレーの現役時代、過酷な練習後に観る、吉本新喜劇にどれだけ救われたことでしょう! 笑いの後にほっこりする時間が、幸せであり、明日も頑張ろうと生きる力となりました。昔、舞台に立たせていただき、めだか師匠と抱き合うシーンは一生の思い出です。
珠代! ずっと大好きよ、ゆみ姉、あきえ姉、ヒロさん……吉本新喜劇永遠なれ!!

大林素子|スポーツキャスター、タレント

中学生の頃から大好きな島田珠代さんは、今でもわたしのスーパーヒーローです。藤井隆さんが登場して以降は特に夢中になり、新喜劇の皆さんからたくさんのエネルギーをもらいました。心を元気にしてくれてありがとうございます。これからのさらなる大活躍をお祈りしています。65周年おめでとうございます!

堂島孝平|シンガーソングライター

65周年おめでとうございます。土曜の昼、学校から帰って急いで昼ごはんを食べ、兄弟で齧り付くようにブラウン管を観てました。大阪の子どもたちの定番パターンです。藤井隆さんの「HOT! HOT!」、内場さんの「そんなん出来るんですか?」等々、挙げればキリがないですが、今思い返せば本当に笑うという行為は心を豊かにしてくれていたんだなと思います。
初めて劇場にお邪魔したのは大人になってからですが、その時に吉本新喜劇の凄さを目の当たりにしました。「さぁ笑わせてもらおう」というお客様を、余すことなくコテンパンに笑わしていく姿は、同じように人前に立つ仕事をしてる僕の個人的な感情ですが、笑い以上の感動がそこにありました。笑いの渦とはこのことかと認識しました。
これからも吉本新喜劇の大ファンとして、大いに笑わせていただきます!

錦戸亮|アーティスト

※敬称略、掲載はページ内五十音順。

吉本新喜劇 65周年ヒストリー

History of Yoshimoto Shin-Kigeki's 65th Anniversary

波乱万丈あった吉本新喜劇65年。その歴史をコンパクトにまとめました。

1959年 吉本ヴァラエティとして大阪に誕生

1959年3月1日、「うめだ花月劇場」の開場と同時に、吉本新喜劇の前身である『吉本ヴァラエティ』がプログラムの目玉として公演がスタートしました。

記念すべき1作目は、のちに『どてらい男』『細うで繁盛記』『あかんたれ』などテレビドラマでヒットを飛ばす喜劇作家・花登筐が脚本を手がけた『アチャコの迷月赤城山～忠治意外傳～』。「赤城の山も今宵限り」の名調子でおなじみ、『国定忠治』をめぐるパロディ芝居で、出演者は花菱アチャコ、佐々十郎、大村崑、芦屋小雁、中山千夏、ほか。

この「吉本ヴァラエティ」を立ち上げたときの基本コンセプトは

- 徹底的なドタバタをする。
- 理屈は抜きにする。
- 悪者は登場させない（登場しても最後には改心する）。
- 物語はシンプルにして誰にでもわかりやすくする。

の4点で、吉本新喜劇にもこのコンセプトは、基本的に継承されています。

「吉本ヴァラエティ」初期には、花菱アチャコや東五九童、雷門五郎、笑福亭松之助、大村崑ら、既存のスターに頼っていたものの、やがて他劇団などからの引き抜きや研究生を募集し、喜劇人を作り上げていくようになります。さらに、テレビ中継で知名度が上がり、徐々に守住清、平参平、白羽大介、秋山たか志、白木みのる、花紀京、ルーキー新一、森信、財津一郎、岡八郎（のちに八朗）、原哲男、桑原和男らが頭角を現していくようになりました。

また、外部からの作家を招かず、自前で座付作家を育てるようになり、吉本新喜劇という劇団が確立されていきます。役者の名前を覚えてもらえるよう、役名を役者の名前そのままにしていることも、劇団独特の特徴のひとつとなります。

吉本ヴァラエティ第1回
『アチャコの迷月赤城山』

うめだ花月劇場開場ポスター

1963年
3チーム体制で
3館をローテーション

「吉本ヴァラエティ」から徐々に「吉本新喜劇」という名称が使われるようになり、うめだ花月に加え、京都花月（1962年開場）、なんば花月（1963年開場）と劇場が3つに増えたことで、座員を3つの組に振り分け3チーム体制にし、それぞれ10日単位で各チームが各劇場に出演。ひと月で全劇場を回るローテーション制（京都→うめだ→なんばの順で移動）を繰り返していました。なお、現在は基本的に火曜日が初日の1週間単位となっています。

1960年代後半
多くの人気者が誕生

3劇場体制となったことに加えて、1963年には朝日放送がなんば花月からの中継を開始（毎日放送は1959年から）。こうした毎週末のテレビ中継によって、吉本新喜劇は幅広く認識されるようになりました。合わせて座員の知名度もアップし、多くの人気者も誕生。やがて吉本新喜劇は黄金期を迎えます。

時代を彩った座員たち

横山エンタツ

笑福亭松之助

白羽大介
平参平
白川珍児

草創期の吉本ヴァラエティ

吉本ヴァラエティ第8回『おっとどっこい』

1970年代
吉本新喜劇、
黄金期を迎える

花紀京、岡八郎、桑原和男、船場太郎らの座長クラスに加え、木村進、間寛平、室谷信雄ら若手座員が人気を博し、やがて座長へと就任。また、吉本新喜劇から派生した芝居仕立てのバラエティー番組『あっちこっち丁稚』などがさらに人気を呼びました。やがて週末の昼から夜にかけては吉本新喜劇や芝居仕立てのスピンオフ番組が放送されるようになりました。

1980年代
漫才ブームと
相対的に人気が下火に

1980年代初頭に起こった「MANZAIブーム」。西川きよし・横山やすし、ザ・ぼんち、島田紳助・松本竜介、オール阪神・巨人、今いくよ・くるよ、西川のりお・上方よしおらの漫才師がテレビ、ラジオ、舞台とあらゆる場所を席巻。吉本興業の劇場も人気漫才師目当ての観客で連日、満員に。もともと劇場のトリに配されていた吉本新喜劇ですが、この頃にはその舞台が始まると帰ってしまうお客さんもいるという事態に。追い打ちをかけるように京都花月が1987年閉館。翌年にはなんば花月も閉館。そして1987年、その2劇場を引き継ぐようになんばグランド花月が開場しますが、ここでは吉本新喜劇は行われず、コントヴァラエティ的な扱いとなってプログラムに組み込まれ、新喜劇の本公演はうめだ花月だけとなりました。

中山美保

花紀京

間寛平

谷しげる

船場太郎

チャーリー浜

桑原和男

室谷信雄

人気を博した花紀京と
原哲男の掛け合い

70年代黄金期の吉本新喜劇

時代を彩った座員たち

1989年
吉本新喜劇存続か否か

やがて"偉大なるマンネリ"ともささやかれるようになり、あえてマンネリを楽しもうと開き直っていた座員の間でも危機感が漂いはじめます。木村進が病に倒れ、間寛平は退団し、東京に活動の場を移します。さらに座員の高齢化もあり、劇団の存続をかけてついに大鉈が振られることになりました。

1989年10月からスタートした「吉本新喜劇やめよッカナ?」キャンペーンです。翌1990年の3月までの半年間でうめだ花月にのべ18万人の動員を目標とし、達成できなければ劇団を解散するというもの。その間に、座員一人一人と面談し、花紀京や岡八郎は勇退。ベテランや中堅にも進退を問いかけながら、転職マガジンでも新人募集を告知してオーディションを行ったり、心斎橋筋2丁目劇場で活動していた若手芸人たちを入団させたりして、若返りを図りました。その頃、発売されたみうらじゅんプロデュースのビデオ『保存版 吉本新喜劇ギャグ100連発』『吉本新喜劇名場面集1959〜1989』などが全国規模で話題となり、その話題性もあって無事に18万人を達成。吉本新喜劇は無事に存続することが決定しました。

山田スミ子

岡八郎

末成由美

池乃めだか

木村進

島田一の介

井上竜夫

浅香あき恵

島木譲二

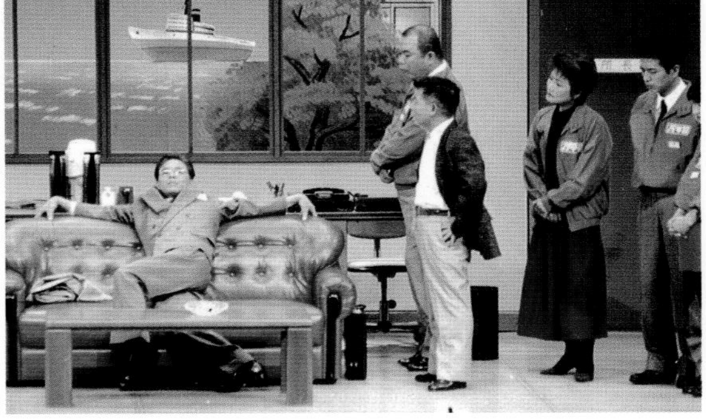

ベテランと若手の融合でマンネリ解消へ

2丁目芸人も活躍した『吉本新喜劇やめよッカナ?』キャンペーン

1990年代
新生吉本新喜劇として復活

無事、劇団存続が決まり、うめだ花月が老朽化のために閉館となった後は、なんばグランド花月で改めて公演がスタートしました。夜には若手を中心とした吉本新喜劇特別公演も行われるように。その頃、チャーリー浜が『ポケメシ』のCMに出演「〜じゃ、あ〜りませんか」というギャグが大人気となり、流行語大賞の年間大賞にも選ばれました。結果的に吉本新喜劇は全国規模で熱狂的な支持を受けるようになります。

1990年には、吉本新喜劇初の東京公演も開催されました。そして当時、頭角を現してきた東京スカパラダイスオーケストラとの『東京スカパラダイス新喜劇』や、アリナミンVのCMではアーノルド・シュワルツェネッガーとも共演。京都・嵐山にタレントショップ「吉本新喜劇ハウス」をオープンするなど、多様な場での活躍が増えていきます。

2000年代
爛熟とさらなる進化を迎える

2000年代に入り、吉本新喜劇は爛熟と充実期を迎えるとともに、さらには多様性も視野に入れた劇団へと進化していきました。同年にはニューヨークでの再演に加えてロンドン、台湾公演を行ない、その後、上海、ロサンゼルス、シンガポール、マレーシア、インドネシア、タイでの公演も成功させました。2001年には「ルミネtheよしもと」がオープンして、東京独自の吉本新喜劇が誕生しました。

一方、座員の高齢化とともに、井上竜夫、中山美保、島木譲二、チャーリー浜、桑原和男ら、黄金期を支えた面々が鬼籍に入り、若返りを図る意味で「金の卵オーディション」がスタート。以後、多様な新座員が次々と入団。そんな中、2006年に小籔千豊、2007年に川畑泰史、2014年にすっちーが座長となり、2017年にはオーディション組から初の女性座長として酒井藍が最年少で就任。それぞれの座長が個性を発揮する形で、次のステージへとアップデートしていきました。その後、内場勝則、辻本茂雄、小籔千豊、川畑泰史が座長を勇退・退任したことで、2023年に吉田裕と、東京の吉本新喜劇での活動を経たアキが新座長に就任。

現在は、すっちー、酒井藍、アキ、吉田裕の4人座長を含めた計109名の座員とともに65周年を迎え、次代の吉本新喜劇を見せるべく、なんばグランド花月、祇園花月を中心に連日、笑いを発信しています。

アメリカ・ロサンゼルス
吉本新喜劇LA&JAPANツアー」
(2006年7月)

吉本新喜劇初の東京公演（1990年4月）

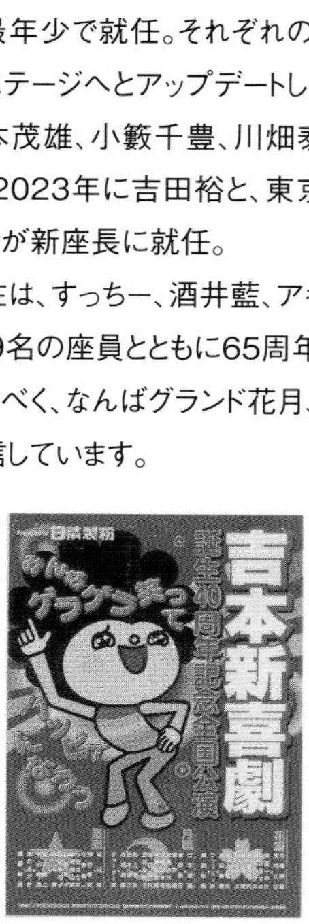

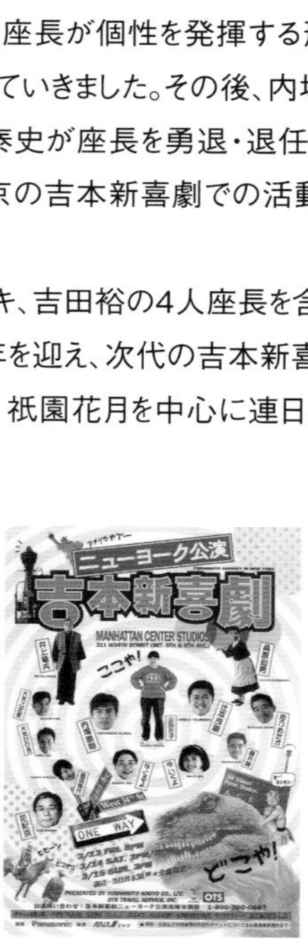

【年譜】

1995年　内場勝則、辻本茂雄、石田靖がニューリーダーに就任
1996年　『シネマワイズ新喜劇』でオムニバス形式で吉本新喜劇が映画化される
　　　　新テーマソング『ECSTASY～OSAKA～』yspオールスターズ発売
1997年　『超!吉本新喜劇』『超コメディ60』と吉本新喜劇がゴールデンタイムに全国放送
　　　　初のニューヨーク公演も在米日本人（特に関西人）が押しかけチケットは即完。
　　　　翌年もニューヨークで開催
1999年　吉田ヒロが座長に就任して4座長に
　　　　40周年を迎えて全国ツアーをスタート。
　　　　キャッチコピーは「ゲラゲラ・ハッピィ」、イメージキャラクターはゲラッピィちゃん。
　　　　初の台湾公演も
　　　　新宿アルタでの定期公演スタート
2000年　ニューヨーク公演に加えて初のロンドン公演を開催
　　　　沖縄にての沖縄の喜劇人たちとコラボした『沖縄チャンプル～新喜劇』公演
　　　　藤井隆が『紅白歌合戦』に出演
2001年　ルミネtheよしもとが開館。吉本新喜劇もスタート
2002年　上海公演を3日間開催
2004年　「第33回　上方お笑い大賞』にて辻本茂雄が大賞に。
　　　　吉本新喜劇歴代座員一同が審査員特別賞を受賞
2005年　吉本新喜劇の次世代の役者を発掘するため「金の卵オーディション」がスタート。
　　　　1期生には吉田裕をはじめ、
　　　　松浦真也、森田展義、佐藤太一郎、太田芳伸、前田真希らが
2006年　ロサンゼルス公演を皮切りに『すっごい吉本新喜劇LA&JAPANツアー』を開催
　　　　小籔千豊が座長に就任
2007年　吉田ヒロが座長を退任。川畑泰史が座長に就任
　　　　未知やすえの女座長公演を開催
2009年　50周年を迎えて『吉本新喜劇50周年ツアー
　　　　～笑ってコケて50年、未来へ向かってドタバタ行こう!』を全国で開催
2013年　『歌ネタ王決定戦2013』にてすっちーと松浦真也のユニットすち子&真也で優勝
2014年　すっちーが座長に就任
　　　　小籔千豊が咲くやこの花賞を受賞。翌年にはすっちーも同賞を受賞
2017年　酒井藍が座長に就任。レギュラー座長としては最年少
　　　　よしもと新喜劇映画『商店街戦争～SUCHICO～』がすっちー主演で公開
2018年　酒井藍主演で映画『女子高生探偵あいちゃん』が公開
2019年　辻本茂雄、内場勝則が座長を退任
　　　　60周年を迎えて『吉本新喜劇ワールドツアー～60周年 それがどうした!』を開催。
　　　　全国47都道府県に加えて、タイ、中国、シンガポール、マレーシアでも開催
　　　　『吉本新喜劇NEXT～小籔千豊には怒られたくない』が放送開始
2022年　新たなる改革として、間寛平がゼネラルマネジャーとして就任
　　　　吉本新喜劇×NMB48 ミュージカル『ぐれいてすと な 笑まん』を公演
　　　　小籔千豊が座長を退任
　　　　吉本新喜劇のさらなる次世代メンツで秘蔵っ子結成。
　　　　『ECSTASY～OSAKA～』秘蔵っ子バージョン配信
2023年　川畑泰史が座長を退任
　　　　アキ、吉田裕が座長に就任

時代を彩った座員たち

間寛平GM（ゼネラルマネジャー）就任

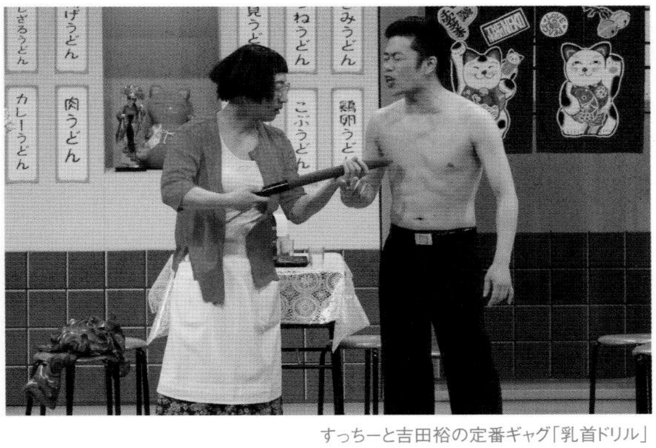

すっちーと吉田裕の定番ギャグ「乳首ドリル」

約50年の新喜劇人生で大切にしてきたこと

Medaka Ikeno Long Interview

池乃めだか

**実は吉本新喜劇への入団は33歳とすこし遅かったが、
それでもすでに在籍48年を数える池乃めだか。
近年は舞台出演をややセーブしているものの、その存在感はまだまだ健在。
プライベートな日常のことから、自身が目にしてきた新喜劇の歩みまで。
たっぷりと語っていただきました。**

Profile

1943年、大阪府守口市出身。サラリーマンを経て23歳で漫才コンビ「海原かける・めぐる」を結成し、数々の新人賞に輝く。33歳で吉本新喜劇に入団。90〜95年は座長を務めた。間寛平との猿vs猫対決など、多くのギャグを有する。昨年は傘寿記念公演を開催し、最年長での座長記録を更新。

しんどいけど楽しい一人カラオケ

――最近はどんな風に過ごされていますか。めだかさんの近況から教えてください。

何年か前までは、ビリヤードにごっつハマったり、ゴルフにもハマったりしてました。でも、どんどんトシがいって、病気したりして行けなくなったし、行く気もしなくなってきたしね。悲しいことですけど(笑)。今ハマってるいうたら、一人カラオケ。近所のカラオケ屋さんまで、僕のよたよたした歩き方で15分ぐらいなんです。言うたら近いもんなんですが、それがしんどい。でも、足が痛い痛い思いながら歩く。それをやれへんかったら、ドンドン歩けんようになると思うからね。まさしくリハビリですわ(笑)。

――どんな歌を歌われるんですか?

演歌ぐらいしかわからんから。けど、一人で行くようになって気ぃ付いたんやけど、一人カラオケってものすごいしんどいですよ。何人かで行ったら、誰かが歌ってる間に「あっ、これええ歌やな。俺も、この歌うたおう」とか次の曲を考えられるじゃないですか。一人で行ったら、とりあえず何を歌うか探して、スタートして、歌い始めて…その間は考えてないでしょ。で、終わったら、さぁ次、何を歌おう。作業が大変ですよ。それをだいたい2時間！ 長いですよ。一人で2時間は(笑)。

――ずっと続けている趣味のようなものはありますか？

ずっとやってるのが、タブレットでやる将棋とナンプレ(数独)ね。これは10年以上やってるのとちゃうかな。将棋は最初は20級から始まって4級までポンポンといったんですけど、3年ぐらい前から4級からちょっとも上にいけまへんねん。でもね、タブレットで誰か知らん人とやるんですけど(オンライン対戦)、せこい奴がおるんですよ。そんなせこいやり方すんなよ、と。楽しいからやっとるけどね。

漫才師から新喜劇へその頃のいきさつ

――では、吉本新喜劇について聞かせてください。まずは、入団のいきさつから。めだかさんは、23歳でこの世界に入られ、漫才コンビを組み、数々の新人賞を受賞するなど活躍されていました。

「海原かける・めぐる」という漫才コンビを組んでたんですけど、相方が別のお仕事がしたいということで、やめはることになって。当時の吉本の社長やった方が「お前、どうすんねん。吉本に残りたいか？」って。「はい」と答えたら、「わかった。相方探せ。わしも探しといたるから」と。僕は、まだ漫才するつもりやったからね。ということで、しばらく風来坊みたいなことをしとったんやけども、その社長が「ずっと遊んどっても、ご飯も食べられへんやろうし、ポケットミュージカルスに出てコントでもやっとけ。そのうち、相方も見つかるやろ」。そうしとったら、何か月か経って今度は、「どや？ このまま新喜劇でも出とったら。相方が見つかるまで」って。その通り言われるままに新喜劇に仮住まいみたいに入らしてもらって、そのままずうーっと居座り続けたというかね(笑)。

――その頃は、まだ漫才がしたかったと。

「僕と漫才コンビ組めへんか？」という話がいくつかあったんですよ。そのたびに、社長に相談して「それは、やめといた方がいいで」とか言われて。そのうちの一人が、いま寛大君(※松竹芸能)なんです。寛大君には1日伸ばしみたいに、のらりくらりと待ってもうとったんですよね。ほんで、断る理由もなくなってきて。そうしたら彼は藤山寛美先生の一門やったので、寛美先生の了解も得たし、先生が「直接会うて話したろか」っていうことになってると。そこまで言われたら「わかった」ということで…。それを吉本の部長さんに言うたら、「かめへんけど、やるんやったら、よそ行ってやってや」って言われてね。しかも、「今度、こんな出番を考えてるねんけど」って見せてくれはった6月の香盤表では僕が副座長みたいになってて。状況が変わるんなら、このまま続けようか、と。やらしいね(苦笑)。結局、寛大君にはお断りして、新喜劇に残ることになったんです。

――新喜劇には、どんなイメージを持っておられたんですか？

漫才師のときから、営業でお芝居にも出してもらってたんですよ。それが結構ええ役やって、お芝居もオモシロいなぁと。けど、新喜劇に入った当初は、いつも子どもの役で二言、三言、言うだけ。短パン履いて、長い靴下履いて、小学生がかぶる黄色い帽子かぶって…。

――副座長になってから、その状況は大きく変化しましたか？

それが、あんまり変われへんかったんです。役どころも同じようなことで。だから、何やこれ！ と思てね。やめたいな、やめようかなっと、そんなことばっかり考えてました。

――しかも、その頃の吉本新喜劇は、アドリブ禁止だったとか。

当時は、作家さんが力を持ってはったからね。しょーもないアドリブとか言うたら怒られたし、先輩からも怒られるし。アドリブは、ウケたら怒られながらもOKなんですよ。でも、ウケへんかったら「しょーもない！ そやから言うてるやろ」って言われる。怒られ方が違うんです。だから、こんなん言うたらオモシロいやろなぁと思うねんけども、なかなか言えない。その場面にさしかかっても、通過する。通過して、ああ言えなんだなぁ…。今度こそ言うたろ、今度こそ言うたろ、と思って、お芝居がその場面にさしかかって、よし言うぞと思て言

殴りかかろうとするが、相手に頭を抑えられパンチが届かず…。小柄な体型を活かした名場面のひとつ。

音楽ショーのトリオ・ピスボーイ、漫才コンビの海原かける・めぐるを経て新喜劇へ。

めだかの代名詞の一つが「猫」。愛猫をじっくり観察した経験が活かされてるという。

うたら、怯えてるから噛んだりするんです。もちろんウケへんし。また「しょーもないことするな」言うて怒られる。そんなんの繰り返しで、そのうちに、ちょっと言えるようになってきて。売れたいとかいう前に、オモシロいことを言いたい気持ちが強かったからね。

――昔は、筋を振る人、ギャグを言う人と、基本的に出演者の役割分担がきっちり決まっていたそうですね。

そうやね。ある日、本書きの人に怒られて、僕なりの意見を言うたら、「芝居なんかしようと考えんでええねん。こんなもん、言うたら長編のコントみたいなもんやねんから」って。その作家の先生は、日頃からなんか言うたら「芝居せえ、芝居せえ」ばっかり言うてはったのに、ええっ!? って思てね。「お前らは芝居せんでええねん。こんなかで、芝居するのは岡八郎と山田スミ子だけでええねん」と。それとね、「女の人は笑いは取らんでええねん、芝居をやっとったらええねん」っていうのが主流の考えでしたしね。だから、末成映薫さんとかは笑いを取りたいと思う方やから、いらんこと言うたり、いらんことしては、よく叱られてましたね。

――女性の頂点はマドンナ!?

僕らが入った頃の藤井信子さんとか、山田スミ子さんとか、なんか貫禄ありましたよ。振り返ってみたら、当時は30代前半やったのに。マドンナいうたら、(浅香)あき恵ちゃんも、ちょっとだけマドンナの時期があったけど、すぐに外されてたからね(笑)。

――めだかさんの入団当時の座長さんはどなただったんですか?

昔は、座長という制度はなかったんですよ。今みたいに、新喜劇の制作部なんかもなかったし、次の座長はだれだれにしますとか、記者会見して発表して…と、そんな制度もなかったしね。でも、座長という制度はなかったんですが、トップは花紀京さんと岡八郎さん。この両巨頭やね。特に、作家さんに文句言えるのは、花紀さんぐらい。作家さんも、一目も二目もおいてた。あの頃はね、晩の7時か8時ぐらいから稽古やったんですけど、夜中の2時、3時になって、花紀さんが、「ここでこうなるのは、おかしいやろ」。で、あーだこーだ言うて、それでもやってみる。「やっぱりおかしいで」言うて、夜中の3時くらいに「書き直してこい!」。その台本を捨ててね、「明日9時集合!」。本番当日の朝9時に台本が上がってきて、そこからやったりしたこともありましたなぁ。

――花紀京さんは、芸に厳しい印象があります。

厳しい言うて、そない後輩に偉そうにガンガン言う人やなかったんです。生意気な言い方やけど、僕らは話のよう分かった先輩やなと思てました。お酒は好きでしたね。時々連れていってもらいましたけど、最初に誘われた時は嬉しぃてね。花紀京さんに誘われた、いうて。

――もう一人の巨頭・岡八郎さんは、どんな方でしたか?

花紀さんはお酒を飲んでも、あまり変わらない。岡さんは結構、崩れる方でしたね。あんまり芸がどうのこうのと言わはる人じゃなかったけど、僕がとにかくよく言われたのは「お前みたいなのは、舞台に出たらあかんねん」って。学生の時にラグビーかなんかやってはって、スポーツマン。当時としては、結構大きい人で。だから、体の大きい小さいで、ものすごい判断しはる人でしたね(笑)。

寛平との出会い 記憶に残る座員たち

――そんなめだかさんに転機が訪れます。

入団して2年後ぐらいに、(間)寛平ちゃんの組に入ったんかな。そこで芝居の中でも彼との接触が多くなって。寛平・めだかの掛け合いみたいな感じができてきてね。その辺から、役どころとかも変わってきて、これはいけそうやなと。やめたいなという気持ちもなくなってきました。

――お芝居の役柄は、子どもの役から変化がありましたか?

わりと悪役が多かったかな。借金取りとか。で、寛平ちゃんと戦いになっていくというのが多かったですね。

――めだかさんにとって、寛平さんはどういう存在でしたか?

古い言葉で言うたら、ホンマの戦友やね。寛平ちゃんがいてなかったら、僕なんか知名度的にも今の位置には全然これてなかったと思う。すべて寛平ちゃんのおかげですわ。何よりも、一緒にやってて楽しかった。つまらん喧嘩もしたけど、寛平ちゃんは心が大きかった。2、3日したら「めぐ兄ぃ(めだか)、わしら友達やん。これからも頼むで」とか言うて。それで、いっぺんにわだかまりなんか、どっかいってまうわね。大人やったね、向こうの方が。一緒の組でやってたのは2年ぐらいやったんちゃうかな。

――芸人としての寛平さんは?

芸人として…まぁ、ええ加減やったね(笑)。アバウト。けれど、アバウトやねんけど、ちゃんとしてるねん。寛平ちゃんと2人でコントの打ち合わせっぽいことやってて、僕がわりとネタを考えて台本を書いてたんですよ。「寛平ちゃん、こんな感じでどう?」とか言うたら、「んん?　ええのんちゃう」とか言うて。目は通すねんけど、それも競馬新聞見ながらやからね。大丈夫かいな…と思とったけど、ちゃんとみんな頭に入ってる。

アドリブは怒られるんやけど、
それでもオモシロいことを言いたくて。
今度こそ言うたろ、今度こそ言うたろって
何回も思いながらね。

池乃めだか ロングインタビュー
Medaka Ikeno Long Interview

――そんな寛平さんは現在、吉本新喜劇のGMとして奔走されています。

あの話が出た時にね、そんなんさしたらんと、気楽にさしたって。寛平ちゃんは、その方が絶対ええのになぁと思ってたんです。トシいってるのに、いらん神経つかうのんちゃうかなって。でも、いざ始まったら、いろいろと若手のことを気に掛けたり、ものすごい頑張ってはるからね。今さらながら違う一面を見たような感じで。意外やったわ。

――吉本新喜劇での同期というと、どなたになりますか?

室谷信雄さんやね。あの人は、ほんまにオモシロかったな。芝居も上手いし、優しいし、尊敬してました。

――後輩で印象に残っている方は?

島木(譲二)ちゃんは、36歳で入ってきたと思うねん。一緒にやってた時は、ちょっと上から目線で見とったけど、亡くなってから、やっぱりあいつはオモシロかってんなぁって。なんせ手を抜かへん。すごかったね。いつでも一生懸命。失礼やけど、体を張ったバカバカしいギャグも、例えばお客さんが3人でも、手ぇ抜くとか、流すような感じは一切なかった。いつも通りやっとった。それがすごいなぁと。

――NGKの周辺でファンサービスをしておられたのが記憶に残っています。

何よりも顔さされるのが好きやったからね。「あっ!」とか言われたら、もう…(笑)。ある時、舞台が終わって劇場から出ていくと、たまたま3メートルほど前を譲二が歩いとってね。僕が後ろを歩いてたら、女子高生が3人ほどいてて。で、ポツポツ雨が降ってきてん。ほんなら、女の子が「あっ! 雨、降ってきた」と言おうとして、「あっ!」って言うた途端に、譲二がすかさず、「そうでっせ。島木でっせ」(笑)。

制約は多かったけれど昔もいい時代だった

――そうこうするうち、1989年には「吉本新喜劇やめよッカナ!?」キャンペーンが始まりました。半年間でうめだ花月に18万人の入場者を集めなければ、吉本新喜劇を廃止すると…。

その時は、マンネリ、マンネリと言われたけど、一方で「そのマンネリが面白いねん」って言う人もおったしね。世間は2つに分かれましたが、何よりも、お客さんが少なくなってきたんですよ。漫才の人らは漫才ブームがあったけど、新喜劇の固定ファンみたいなのがだんだん減っていった。劇場はまぁまぁ入ってても、新喜劇の前になって、笑福亭仁鶴師匠ややすし・きよしさんの出番が終わったりしたら、お客さんがドドッと帰るんですよ。ほんで緞帳が開いて、新喜劇が始まったら、半分くらいしかいない。で、やってる最中にも、また帰っていきはる。暗転でまた帰りはる。明転して第2部になって明かりが点いたら、半分の半分に減ってるとかね。つるべ落としみたいに、ざーっと悪い方に流れていったんですよ。それで、「やめよッカナ!?キャンペーン」が始まったんです。

――逆にそれで吉本新喜劇は盛り返した感があります。

どうなんやろねぇ。一応、18万人クリアしたという発表やってんやけど、ほんまはクリアしてなかったいうような話も聞いたしね(笑)。けどね、テレビのドキュメンタリーみたいなのを、たまたま見とったんですよ。そしたら、すたれゆく新喜劇みたいに作っとるんです。マイクロバスに乗って営業に行くんやけど、窓越しに乗ってる座員を撮ったりして。で、「落ち込んでいる座員たち」とかいうナレーションが流れてね。別に落ち込んでへんやん、ちょっと作ってるやん! と。まぁ、世の中の流れやったんかね。

――以降も時代とともにさまざまな変遷を経て、新喜劇の作り方も変わってきたと思います。肌で感じるところは何かありますか?

やっぱり今の人らはうらやましいね。作家さんとかに相談もせずに、思いついたことを舞台でパッと言う。スベったらスベったで「あっ、スベった」みたいな感じで終わる。で

藤井聡太にも負けないような、新喜劇にもスターが生まれてほしいね。

スターの存在は大きいよ。

Medaka Ikeno Long Interview

池乃めだか ロングインタビュー

も、バーンと受けるのも結構あるからね。それでまた伸びてきた人もおるし。それがちょっとうらやましいなと思いますわ。僕らは作家さんがうるさかって、怖かって。「お前ら、やめ！ くそ下手が！」とか言われとったんやけど。そやけど振り返ったら、あの時代も良かったなぁと思ったりもするんですよ。ないもんねだりですけどね。

――どんなところが良かったと？

上手いことよう言わんけど、やってて楽しかったんですよ。いろいろ制約があって、「そんなん、言うたらあかん、やったらあかん」て言われるなかでも、もがきながらアドリブ言うてウケて、暗黙の了解で認められるみたいな感じで。その瞬間が嬉しかったですね。だから人の舞台も見てて、「あっ、負けた。これは気ぃつかんかった。なるほど、そういう手があったか」とかね。みんながおる中で、悔しがったり、くそ、負けへんぞ思てやり返したりとか。舞台が毎回毎回、生もんみたいな感じで楽しかったんです。オモシロいことをしたい、オモシロいことを言いたい、と。今はなんやろ、オモシロかろうが、オモシロなかろうが…て言うたら言い過ぎかもしれんけど、そこでバーンとウケたら勝ちみたいな、ね。けれど、やっぱり時代とともに変わっていくからね。人の考え方も。

――お客さんの見方も変わってきましたか？

今はお客さんも参加したがるねん。一緒に手拍子たたいたり。「親の言うことはよう聞けよ。お母さんに可愛がってもうた、育ててもうたことを忘れたらいかんぞ。縁と言うものは…」とか言うて、「親の血を引く兄弟よりも～♪」て歌ったら、突然手拍子で参加してくるんですよ。昔やったらね、〝客いらい〟（※観客をいじったりすること）は誰でもウケるわとか言われて、怒られとったんですよ。〝客いらい〟は、したらあかんと。今は、お客さんから参加したがるからなぁ。

ギャグよりも芝居のことを大事に

――めだか師匠は、数多くのギャグを持っていらっしゃいますが、ご自身にとってギャグとはどんなものでしょうか？

たまにそんなこと言われるけど、僕の中では「俺はギャグないでぇ」って。ギャグっていう言葉があんまり好きやないんですよ。ギャグってなんやのんって？ 例えば、今やったら「見さげてごらん～♪」いうのがギャグやろかな。結局、恥ずかしげもなく続けてやっとるけどね。そういうのがあんまり好きやないんです。それと、ギャグの使い方ね。お芝居をやりながら、ギャグに入っていくのは好きなんですよ。けど、話の流れも関係なしにそれ言うたらウケるからいうて、一発ギャグみたいに言うのはあんまり好きやない。

――根っから、お芝居がお好きなんですね。

できるできないはおいといて、お芝居は好きですね。芝居の筋を流しながら、そこへギャグをはめ込んでいく。ジグソーパズルのパーツがパンとはまったみたいな時が嬉しいですね。

――それでは、めだかさんにとって吉本新喜劇とは何ですか？

それが、一番難しい質問ねん。「飯のタネや」とかいうて逃げたりするんですけど、上手く答えられないんです。今はどっぷり、その中につかってるからね。もう何年かしたら、ふっと思いつくんやろなぁ。

――新喜劇以外の舞台やドラマ、映画にも出演されています。芝居の作り方や、稽古の方法などで違いを感じる点はありますか？

新喜劇は気楽なとこやね（笑）。よそに行った時に、まずビックリしたんは、小道具とか衣装とか自分で作ってはるんですよ。よそではこんなことしてるんや。何と僕らは恵まれた世界におるねんやろと。それに、一番長いので40日くらい稽古のときがありましたからね。そんなんしてはるとこもあるのに、僕ら台本にパーッと目を通すだけで、本番やったりとかしてますやん。

――逆に、それでお芝居が完成するというのがすごい。

まぁ、それは自慢いうたら自慢ですけどね。でも、一生懸命やってはるとこに比べたら、ちょっといい加減なとこやなと（笑）。

――そのいい意味での〝いい加減〟さを、お客様も求めてるところもありそうです。

そうやね。「今日、吉本新喜劇に行ってきてん」「どうやってん？」「オモシロかったぁ」「どんな話や？」「えーっと、なんかオモシロかったわ…」と、言うたら筋がないみたいな感じですからね。

――では、今後の吉本新喜劇に望まれることはありますか？

やっぱり、スターが生まれることやね。将棋界でも藤井聡太さんというスターが出てきて盛り上がってる。新喜劇のスターはオモシロいからスターになる人と、ギャグみたいなのがポーンと当たって人気が出てスターになる人がおるからね。スターの存在は大きいと思いますよ。

新喜劇座員 おやどまりが撮る

「よしもとしんきげきフェス」のナイスショット

ゴールデンウィーク期間中の2024年5月3日、4日の2日間にわたって、大阪の万博記念公園で「よしもとしんきげきフェス」が開催されました。新喜劇好きの子どもたちを交えた新喜劇の舞台に、65周年記念展、夜は1万発の花火まで。座員随一の写真の腕前をほこる、おやどまりが5月3日の現場を撮影しました。

2024.5.3
17:30
20:00
みんなの花火大会
2024GW
万博記念公園

よしもとしんきげきフェス
YOSHIMOTO SHINKIGEKI
新喜劇座員み～つけたっ！
山田亮
を見つけました
新喜劇座員み～つけたっ！
多和田上人
を見つけました
舞台

ステージも
スゴイ

＼新喜劇座員・吉岡友見がレポート!／

とにかく新喜劇の「スゴイ」が詰まってました!!!!!!!!!

吉本新喜劇の歴史で初めてとなる野外フェスはお天気にも恵まれ、たくさんのお客様に足を運んでいただくことができました。ステージでは一般の子供たちも参加する新喜劇(みんな上手で、座員たちも圧倒されていました!)や、親子で参加できるワークショップも開催され、たくさんの子供たちの笑い声や歓声が公園内に響いていました。親子連れの方が本当に多く、吉本新喜劇は世代を問わず愛されている文化なんだとあらためて目の当たりにしました。親子で楽しめる新喜劇ってスゴイ。

EXPO'70パビリオンでは「吉本新喜劇65周年記念展覧会～ホンワカパッパで65年～」も開催。新喜劇の小道具や衣装、台本やセット図などが展示され、座員である吉岡も心躍る、新喜劇の歴史を辿ることのできる空間となっていました。この展示会で吉岡はとある親子の会話が印象に残っています。「このギャグ知らんやろ。お父さんが子供のころはこれが流行ってたんやで」「じゃあお父さんはこのキャラ知ってる?めっちゃ面白いんやで」。親子の共通言語になれる新喜劇ってスゴイ。

とにかく当日は「夏日」という言葉がぴったり。暑い熱い野外イベントでした。そんな中でも新喜劇を愛してくださるみなさまに、芸人の原点である「目の前の人を笑わせる、楽しませる」ことに全力を注いでいた座員とスタッフたち。たとえ問題が起こってもその場で臨機応変に対応する力。これは日頃の舞台で培われたものなのかもしれません。みんな汗だく、日焼けで真っ赤になりながらも笑顔を絶やさず盛り上げていました。そんな中、ステージで大活躍していた松浦真也は耐え切れず頭皮に日焼け止めを塗っていました。「やっぱり俺、ハゲてんのや…」と現実に向き合いながら。フェス後に会うと、脳天真っ赤でした。紫外線ってスゴイ…。

そんなこんなで新喜劇はやっぱりスゴかった。これからもスゴイを更新していけるように座員、スタッフ一同精進していきます。

文:吉岡友見(吉本新喜劇座員)

展示もスゴイ

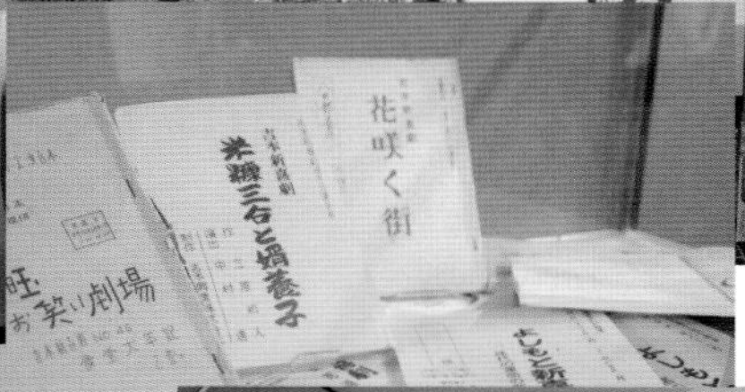

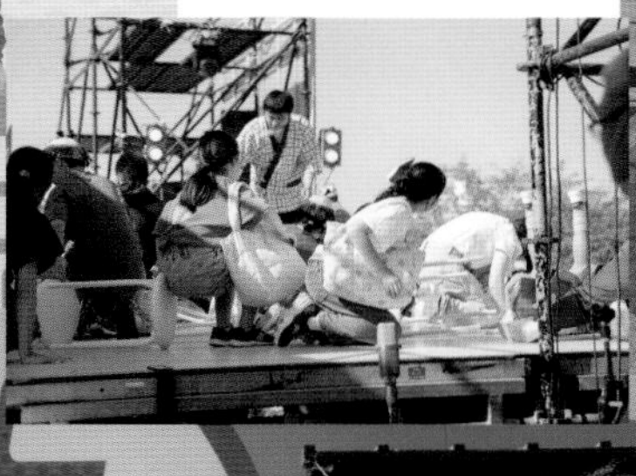

吉本新喜劇
65周年ツアー
公式ページ

全国65公演を目標にして開催が計画された「吉本新喜劇65周年ツアー」。
おかげさまで、多くのお客様からのご要望をいただいたことから、65公演を大幅に超えた公演数にて開催を決定することができました。より多くの人に笑いをお届けすべく、全国のすみずみまで「アホやな〜何してんねん」と言われるぐらいの、「これぞ新喜劇!」を見ていただきたいと思っております。
4座長とGMの5名を軸に、各会場に多くの座員がお伺いする予定ですが、時間や座員が未定のスケジュールも多くございます。ぜひ公式HPを確認いただきながら、情報の更新を楽しみにお待ちください!

全国各地で65公演以上!!

吉本新喜劇65周年全国ツアー 開催

ツアースケジュール Schedule

2024年

7月7日(日)	東京都	有楽町よみうりホール	① 開演12:30 ② 開演17:00	出演 間寛平、すっちー、酒井藍、アキ、吉田裕 ほか
7月25日(木)	山梨県	YCC県民文化ホール	開演18:30	出演 間寛平、吉田裕、辻本茂雄、島田珠代 ほか
7月27日(土)	兵庫県	神戸国際会館	① 開演11:30 ② 開演15:15	出演 間寛平、吉田裕、辻本茂雄、島田珠代 ほか
7月28日(日)	愛媛県	愛媛県県民文化会館	① 開演11:30 ② 開演15:30	出演 間寛平、吉田裕、辻本茂雄、島田珠代 ほか
8月7日(水) 8日(木)	福岡県	博多座	7日① 開演12:00 ② 開演16:30 8日① 開演11:00 ② 開演15:30	出演 間寛平、辻本茂雄、川畑泰史、山田花子 ほか
8月10日(土)	神奈川県	相模女子大学グリーンホール	① 開演12:30 ② 開演17:00	出演 間寛平、すっちー、川畑泰史、末知やすえ ほか
8月11日(日)	埼玉県	さいたま市文化センター	① 開演12:00 ② 開演16:00	出演 間寛平、すっちー、川畑泰史、未知やすえ ほか
8月23日(金)	長野県	ホクト文化ホール	開演18:30	出演 間寛平、吉田裕、未知やすえ、島田珠代 ほか
8月24日(土)	静岡県	アクトシティ浜松	① 開演11:30 ② 開演15:30	出演 吉田裕、間寛平、未知やすえ、島田珠代 ほか
8月31日(土)	長崎県	長崎ブリックホール	① 開演11:30 ② 開演16:00	出演 間寛平、アキ、末成映薫、高井俊彦 ほか
9月1日(日)	佐賀県	佐賀市文化会館大ホール	① 開演12:00 ② 開演16:00	出演 間寛平、アキ ほか
9月7日(土)	滋賀県	大津市民会館	① 開演11:00 ② 開演15:30	出演 すっちー、吉田裕、内場勝則、島田一の介 ほか
9月8日(日)	熊本県	市民会館シアーズホーム夢ホール	① 開演11:00 ② 開演15:30	出演 間寛平、すっちー、吉田裕、内場勝則 ほか
9月15日(日)	奈良県	たけまるホール	2公演開催予定	出演 間寛平、酒井藍 ほか
9月22日(日・祝)	岩手県	トーサイクラシックホール岩手(岩手県民会館)大ホール	2公演開催予定	出演 間寛平、すっちー ほか
9月23日(月・振)	山形県	やまぎん県民ホール(山形県総合文化芸術館)大ホール	2公演開催予定	出演 間寛平、すっちー ほか
9月29日(日)	京都府	よしもと祇園花月	1公演開催予定	出演 間寛平、すっちー、酒井藍、アキ、吉田裕 ほか
10月6日(日)	福井県	フェニックス・プラザ エルピス大ホール	2公演開催予定	出演 間寛平、すっちー ほか
10月13日(日)	岐阜県	長良川国際会議場 メインホール	2公演開催予定	出演 間寛平、アキ ほか
10月20日(日)	三重県	三重県総合文化センター(三重県文化会館大ホール)	2公演開催予定	出演 間寛平、吉田裕 ほか
10月27日(日)	岡山県	岡山芸術創造劇場 ハレノワ	2公演開催予定	出演 間寛平、酒井藍 ほか
11月10日(日)	山口県	周南市文化会館	2公演開催予定	出演 間寛平、酒井藍 ほか
11月16日(土) 17日(日)	東京都	IMM THEATER	16日 2公演開催予定 17日 2公演開催予定	出演 間寛平、辻本茂雄 ほか
11月23日(土)	新潟県	新潟県民会館	2公演開催予定	出演 間寛平、アキ ほか
12月1日(日)	高知県	高知県立県民文化ホール	2公演開催予定	出演 間寛平、すっちー ほか

2025年

1月11日(土)	沖縄県	沖縄市民会館	2公演開催予定	出演 間寛平、すっちー ほか
2月2日(日)	広島県	広島文化学園HBGホール	2公演開催予定	出演 間寛平、酒井藍 ほか
2月11日(火)	愛知県	刈谷市総合文化センターアイリス大ホール	2公演開催予定	出演 間寛平、吉田裕 ほか
2月15日(土)	石川県	金沢歌劇座	2公演開催予定	出演 間寛平、吉田裕 ほか
2月16日(日)	群馬県	太田市民会館	2公演開催予定	出演 吉田裕 ほか
2月21日(金)	宮城県	仙台国際センター	1公演開催予定	出演 間寛平、アキ ほか
2月22日(土)	秋田県	あきた芸術劇場ミルハス	2公演開催予定	出演 間寛平、アキ ほか
2月23日(日)	青森県	リンクステーションホール青森	2公演開催予定	出演 アキ ほか
2月24日(月)	福島県	けんしん郡山文化センター 大ホール	2公演開催予定	出演 アキ ほか
3月2日(日)	大阪府	なんばグランド花月	1公演開催予定	出演 間寛平、すっちー、酒井藍、アキ、吉田裕 ほか

※情報は6月25日時点。※出演者、公演日時については変更される可能性がございます。最新の情報については公式HPにてご確認ください。

吉本新喜劇 Info

吉本新喜劇
座員名鑑
2024

2024年7月現在、
間寛平GM、すっちー、酒井藍、アキ、吉田裕の
4座長を筆頭に109名が所属しています。
手書きのサイン、65周年を迎えたメッセージと合わせて、
全座員をご紹介します。

ゼネラルマネジャー

間寛平

HAZAMA KANPEI

1949年7月20日生まれ
高知県宿毛市出身

入団／1970年

吉本新喜劇65周年を迎えて

止まると死ぬんじゃ

吉本新喜劇座長

酒井藍

SAKAI AI

1986年9月10日生まれ
奈良県磯城郡田原本町出身

入団／2007年

吉本新喜劇65周年を迎えて

65周年も、
吉本新喜劇
ラブーーーー🩶🩶🩶

吉本新喜劇座長

すっちー

SUCCHI

1972年1月26日生まれ
大阪府摂津市出身

入団／2007年

吉本新喜劇65周年を迎えて

みんな生の新喜劇を
観に来てください。
劇場はいいぞ〜

吉本新喜劇座長

吉田裕

YOSHIDA YUTAKA

1979年3月29日生まれ
兵庫県高砂市出身

入団／2005年

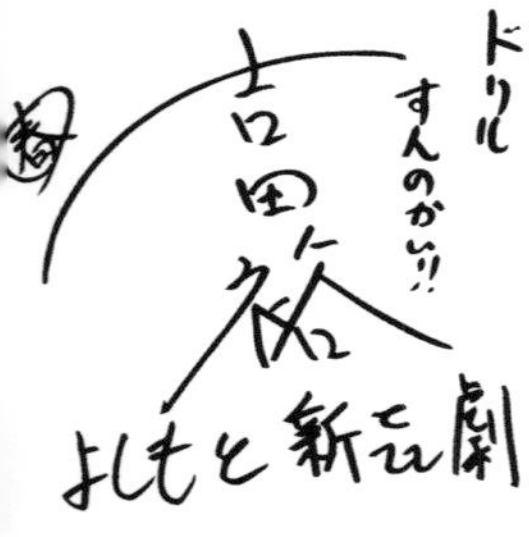

吉本新喜劇65周年を迎えて

泣きと笑いが
つまってるとこ、新喜劇!!
70年80年続くように
応援してくれるんかーーい!!

吉本新喜劇座長

アキ

AKI

1969年8月22日生まれ
大阪府岸和田市出身

入団／2014年

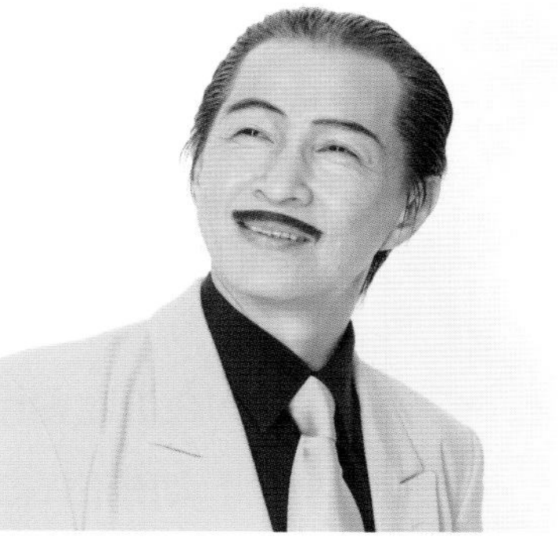

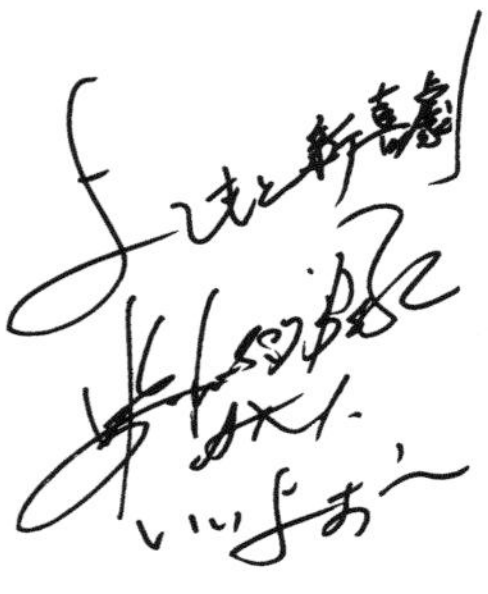

吉本新喜劇65周年を迎えて

65年の歴史、
いぃよぉ〜🤗

浅香あき恵
ASAKA AKIE

1956年10月23日生まれ
大分県大分市出身
入団／1976年

まいにちサイコーな日にしよう!

吉本新喜劇65周年を迎えて

ひとつひとつを
楽しみます
ヽ(*´-`*)ノ ♡

秋田久美子
AKITA KUMIKO

1975年7月31日生まれ
兵庫県たつの市出身
入団／1997年

いらっしゃいませ
おまえら

吉本新喜劇65周年を迎えて

これからも宜しく
お願い致します、
おまえら

青野敏行
AONO TOSHIYUKI

1960年3月5日生まれ
愛媛県今治市出身
入団／1997年

ガンバレ!

吉本新喜劇65周年を迎えて

吉本新喜劇は
日本の宝です!

五十嵐サキ
IGARASHI SAKI

1973年12月1日生まれ
大阪府泉大津市出身
入団／1997年

感謝!!

吉本新喜劇65周年を迎えて

益々、
精進します!!

伊賀健二
IGA KENJI

1976年12月10日生まれ
大阪府大阪市出身
入団／1996年

ありがとう!!

吉本新喜劇65周年を迎えて

希望を乗せて
出発進行!

新井崇史
ARAI TAKAFUMI

1994年3月7日生まれ
大阪府和泉市出身
入団／2017年

よしもと新喜劇

遠きに行くは必ず
邇きよりす

吉本新喜劇65周年を迎えて

新井時代の
幕開け

池乃めだか
IKENO MEDAKA

1943年7月3日生まれ
大阪府守口市出身
入団／1976年

吉本新喜劇65周年を迎えて

今年で芸歴57周年。
自分も
65周年を迎えれるように
頑張ります。

生瀬行人
IKUSE YUKITO

1998年11月4日生まれ
京都府京都市出身
入団／2018年

吉本新喜劇65周年を迎えて

先輩方が作りあげてきた
65年の新喜劇の歴史!
自分も作りあげれるように
お笑い力をバルクアップ!!!

いがわゆり蚊
IGAWA YURIKA

1982年9月5日生まれ
大阪府豊中市出身
入団／2014年

吉本新喜劇65周年を迎えて

みんなで
はりきっていこう!!

井上安世
INOUE YASUYO

1986年8月28日生まれ
大阪府八尾市出身
入団／2006年

吉本新喜劇

吉本新喜劇65周年を迎えて

これから
もんさんみっしぇる、
がんばりまんとひひ

伊丹祐貴
ITAMI YUKI

1988年9月20日生まれ
兵庫県西宮市出身
入団／2019年

一番

吉本新喜劇65周年を迎えて

全力疾走!!

石田靖
ISHIDA YASUSHI

1965年12月10日生まれ
兵庫県伊丹市出身
入団／1986年

一期一笑

吉本新喜劇65周年を迎えて

これからも
一笑懸命、新喜劇!

岩﨑タツキ
IWASAKI TATSUKI

1994年4月27日生まれ
奈良県出身

入団／2019年

吉本新喜劇65周年を迎えて

成長

入澤弘喜
IRISAWA HIROKI

1995年4月26日生まれ
大阪府大阪市出身

入団／2017年

吉本新喜劇

吉本新喜劇65周年を迎えて

感謝の気持ちを忘れずに
日々努力することも忘れずに
これからも精進することも忘れずに
頑張って参ります!!

今別府直之
IMABEPPU NAOYUKI

1972年5月1日生まれ
兵庫県尼崎市出身

入団／2000年

今べっぷ なおゆき

吉本新喜劇65周年を迎えて

吉本新喜劇さんに感謝
絶対に恩返しする!

宇都宮まき
UTSUNOMIYA MAKI

1981年12月26日生まれ
大阪府大阪市出身

入団／2001年

吉本新喜劇65周年を迎えて

今まだ子どもが小さくて
新喜劇をお休みしていますが、
100周年の時は
元気に復活したいです!

内場勝則
UCHIBA KATSUNORI

1960年8月22日生まれ
大阪府大阪市出身

入団／1985年

え゛~~!

吉本新喜劇65周年を迎えて

私は100周年迄
頑張ります。
え゛ー!
そんなん出来るんですか!?

烏川耕一
UKAWA KOICHI

1973年1月24日生まれ
大阪府大阪市出身

入団／1992年

吉本新喜劇65周年を迎えて

祝! よしもと新喜劇
65ぴゅ～年!
まだまだ行くよ!
ふぇ～ん!

大塚澪
OTSUKA REI

1997年3月12日生まれ
埼玉県さいたま市出身

入団／2017年

吉本新喜劇

吉本新喜劇65周年を迎えて

女性ファンを
増やしたい!

太田芳伸
OTA YOSHINOBU

1981年7月5日生まれ
大阪府大阪市出身

入団／2005年

吉本新喜劇65周年を迎えて

65周年
突入死にま～す!

大島和久
OSHIMA KAZUHISA

1981年4月8日生まれ
大阪府大阪市出身

入団／2003年

これからも
よろしくお願いし
マンゴスチーン

吉本新喜劇65周年を迎えて

みんなも自分ももっと
笑顔にしたいんだ
よもぎまんじゅう!!

音羽一憲
OTOWA KAZUNORI

1984年2月11日生まれ
大阪府吹田市出身

入団／2006年

YouTube
新喜劇つり部チャンネル
よろしくお願いします!!

吉本新喜劇65周年を迎えて

65周年!?
最高やんっ!!!

奥重敦史
OKUSHIGE ATSUSHI

1980年6月29日生まれ
広島県尾道市出身

入団／2008年

インコちゃうわん!!

吉本新喜劇65周年を迎えて

羽ばたきます!

岡田直子
OKADA NAOKO

1984年4月30日生まれ
岡山県総社市出身

入団／2010年

ありがとう
ございました(大声)
!!!!!!!!!!

吉本新喜劇65周年を迎えて

100年目指して、
ヨロシクね♡
(・ω<)テヘペロ☆

カバ
KABA

1983年1月29日生まれ
兵庫県明石市出身
入団／2017年

吉本新喜劇65周年を迎えて

僕も新喜劇も
更に大きくなれるように
頑張ります!

おやどまり
OYADOMARI

1990年7月20日生まれ
沖縄県出身
入団／2015年

吉本新喜劇65周年を迎えて

過去と現在に
感謝して未来へ!

帯谷孝史
OBITANI TAKASHI

1950年3月16日生まれ
大阪府八尾市出身
入団／1972年

吉本新喜劇65周年を迎えて

早いなぁ!
長生きします!

金原早苗
KINBARA SANAE

1987年3月19日生まれ
大阪府八尾市出身
入団／2006年

吉本新喜劇65周年を迎えて

母強し!母おもろ!
母綺麗!を目指して
頑張ります!!

川畑泰史
KAWABATA YASUSHI

1967年6月22日生まれ
京都府京都市出身
入団／1990年

吉本新喜劇65周年を迎えて

全員で
売れるぞ!!!!

川筋ライラ
KAWASUJI RAIRA

1998年7月4日生まれ
大阪府大阪市出身
入団／2017年

吉本新喜劇65周年を迎えて

65周年
おめでとうございます!
すげー!!! やったー!!
へへへ

小寺真理
KOTERA MARI

1991年8月31日生まれ
大阪府高槻市出身
入団／2014年

吉本新喜劇65周年を迎えて

65周年もその先も
ミニスカート履いて
新喜劇に出演できるように
頑張ります♡

けんたくん
KENTAKUN

1987年11月26日生まれ
沖縄県出身
入団／2018年

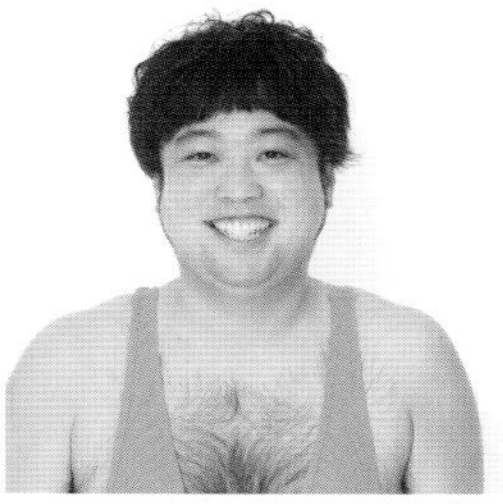

吉本新喜劇65周年を迎えて

65周年!
よっしゃやんぞー!

楠本見江子
KUSUMOTO MIEKO

1945年1月1日生まれ
兵庫県神戸市出身
入団／1967年

吉本新喜劇65周年を迎えて

いつまでも舞台に
立ち続けられるよう
頑張ります!

小籔千豊
KOYABU KAZUTOYO

1973年9月11日生まれ
大阪府大阪市出身
入団／2001年

吉本新喜劇65周年を迎えて

いつまでも
続いてほしい

小林ゆう
KOBAYASHI YU

1999年2月16日生まれ
大阪府大阪市出身
入団／2017年

吉本新喜劇65周年を迎えて

65周年
おめでとうございます!
65歳、今日も元気です!

小西武蔵
KONISHI TAKEZO

1981年5月19日生まれ
京都府京都市出身
入団／2015年

吉本新喜劇65周年を迎えて

Life is Comedy☺

佐藤太一郎
SATO TAICHIRO

1978年2月25日生まれ
大阪府堺市出身
入団／2005年

Taichiro Sato

吉本新喜劇65周年を迎えて

100周年
目指して
挑戦し続けます!

桜井雅斗
SAKURAI MASATO

1987年10月20日生まれ
大阪府堺市出身
入団／2009年

ビューティー!

吉本新喜劇65周年を迎えて

これからも
ビューティに
頑張ります!

咲方響
SAKATA HIBIKI

1999年3月9日生まれ
島根県出身
入団／2019年

だんだん!

吉本新喜劇65周年を迎えて

新喜劇65歳! 私25歳!
40上の大先輩です!!!
私も少しでも
盛り上げられるように
尽力いたします!

重谷ほたる
SHIGETANI HOTARU

1995年4月5日生まれ
和歌山県和歌山市出身
入団／2016年

Shigetani セルライトッ!

吉本新喜劇65周年を迎えて

吉本新喜劇65周年
おめでとうございます!!
65周年目に居合わせれた事が
とっても嬉しいです!
新喜劇をもっともっと盛り上げれるよう、
私も精進いたします!!

鮫島幸恵
SAMEJIMA YUKIE

1989年12月2日生まれ
大阪府高槻市出身
入団／2012年

これからも
吉本新喜劇みてねー!

吉本新喜劇65周年を迎えて

65周年も笑いで
皆様が幸せに
恵まれますように…♡

佐藤武志
SATO TAKESHI

1954年10月5日生まれ
兵庫県尼崎市出身
入団／1973年

一日一張、

吉本新喜劇65周年を迎えて

新喜劇は
未来永劫不滅です。

島田珠代
SHIMADA TAMAYO

1970年5月10日生まれ
大阪府吹田市出身
入団／1988年

私 パンティ～はいてますか、

吉本新喜劇65周年を迎えて

パンティー
はいてますか?

島田一の介
SHIMADA ICHINOSUKE

1950年5月8日生まれ
愛媛県宇和島市出身
入団／1973年

どうです
和的でしょう!

吉本新喜劇65周年を迎えて

頑張らないと
ダメヨね!

信濃岳夫
SHINANO TAKEO

1981年6月21日生まれ
兵庫県宝塚市出身
入団／2006年

吉本新喜劇65周年を迎えて

もし64年前に
新喜劇が出来ていたら
今年は64周年だったので、
今年65周年なら65年前に
新喜劇が出来たという事
なんだなと感じます。

しゃーやん
SHAYAN

1953年11月20日生まれ
大阪府大阪市出身
入団／1976年

サイン苦手やねん

吉本新喜劇65周年を迎えて

ぼちぼち
頑張ります!

清水啓之
SHIMIZU HIROYUKI

1983年12月26日生まれ
兵庫県神戸市出身
入団／2006年

ヒロユキ

吉本新喜劇65周年を迎えて

森田まりこさんの
旦那さんですよね?と言われず
清水啓之さんですよね?
とお声をかけてもらう
ようにがんばります!

清水けんじ
SHIMIZU KENJI

1975年7月16日生まれ
京都府京都市出身
入団／2008年

吉本新喜劇65周年を迎えて

これからの歴史に
少しでも力になれるように
頑張ります!

祐代朗功
SUKEDAI AKINORI

1990年3月6日生まれ
大阪府泉南市県出身

入団／2015年

吉本新喜劇65周年を迎えて

「ザ」行が
「ダ」行になるけど
頑張るど!

末成映薫
SUENARI YUMI

1947年3月1日生まれ
山口県宇部市出身

入団／1973年

吉本新喜劇65周年を迎えて

一世紀越えるまで
頑張るぞー!
インガスンガスン

ジャボリ
JABORI

1974年5月24日生まれ
アメリカ・コロラド州出身

入団／2017年

吉本新喜劇65周年を迎えて

ライスが無いと、
辛いっす!
寿司食っとけ!

大黒笑けいけい
DAIKOKUSHO KEIKEI

1984年4月10日生まれ
和歌山県紀の川市出身

入団／2015年

吉本新喜劇65周年を迎えて

話題になってないが
結婚しましたぞ☆KIRAAA☆
65周年も頑張ります!
わちゃー!

曽麻綾
SOMA AYA

1998年5月28日生まれ
カナダ出身

入団／2018年

吉本新喜劇65周年を迎えて

60周年に入団しました。
5年間
ありがとうございます。

住吉大和
SUMIYOSHI YAMATO

1999年10月17日生まれ
兵庫県西宮市出身

入団／2018年

吉本新喜劇65周年を迎えて

「笑いに変えるから」
CD絶賛発売中!!

高関優
TAKASEKI YU

1981年5月18日生まれ
和歌山県海南市出身

入団／2014年

吉本新喜劇65周年を迎えて

プラレールと同い年、
おめでとうございます!

たかおみゆき
TAKAO MIYUKI

1971年9月3日生まれ
大阪府摂津市出身

入団/1999年

こんや
と
たかおこと〜

吉本新喜劇65周年を迎えて

吉本新喜劇65周年なんやって~!!
と、居酒屋で会話してはる方~
私を、しってはったら~
ビール65杯ご馳走してくださいませ~
~記念です!飲みまっせ

高井俊彦
TAKAI TOSHIHIKO

1975年8月27日生まれ
奈良県奈良市出身

入団／2007年

3頭身の人間
見た事ある!?

吉本新喜劇65周年を迎えて

65周年が
盛り上がるように、
もっともっと
顔を大にして頑晴ります!

タックルながい。
TAKKURU NAGAI

1973年10月16日生まれ
兵庫県西宮市出身

入団／2001年

パチパチパーンチ!

吉本新喜劇65周年を迎えて

がっちり
スクラム組むぞ!!

瀧見信行
TAKIMI NOBUYUKI

1981年7月12日生まれ
兵庫県尼崎市出身

入団／2014年

牛を出せ!!

吉本新喜劇65周年を迎えて

いつまでも、
愛してください!

高橋靖子
TAKAHASHI YASUKO

1967年5月26日生まれ
岐阜県出身

入団／1999年

吉本新喜劇65周年を迎えて

65周年…そして
これからの歴史の中にも
居させてください。
いつまでも新喜劇が
続きますように

玉置洋行
TAMAKI HIROYUKI

1984年9月7日生まれ
和歌山県岩出市出身
入団／2015年

吉本新喜劇65周年を迎えて

微力ながら
頑張ります~

谷川友梨
TANIKAWA YURI

1983年5月23日生まれ
愛知県常滑市出身
入団／2017年

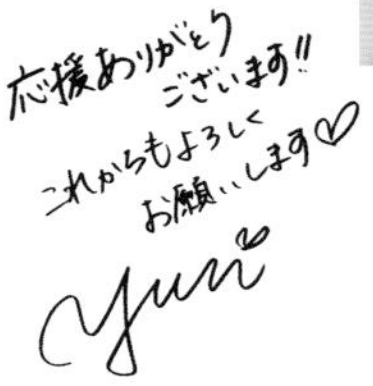

吉本新喜劇65周年を迎えて

中学生の時に憧れた
世界に今居られることが、
とても幸せです!
これからも頑張ります!

辰己智之
TATSUMI TOMOYUKI

1982年7月6日生まれ
大阪府大阪市出身
入団／2006年

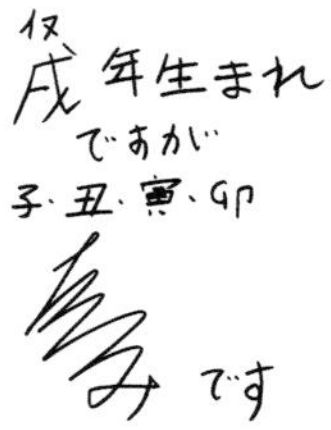

吉本新喜劇65周年を迎えて

戌年生まれですが、
子•丑•寅•卯
辰巳の年男ですので
頑張ります

ぢゃいこ
DYAIKO

1981年2月20日生まれ
愛媛県宇和島市出身
入団／2002年

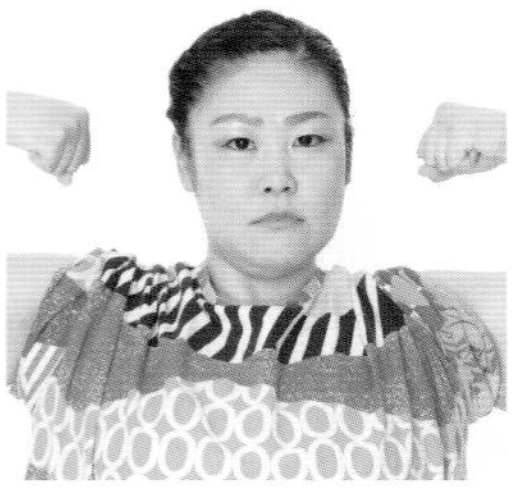

吉本新喜劇65周年を迎えて

がんばり
マッスル!!

千葉公平
CHIBA KOHEI

1975年10月24日生まれ
千葉県柏市出身
入団／2020年

吉本新喜劇65周年を迎えて

目指せ
100周年ーーー!!
わっしょーーーーーい!!!

多和田上人
TAWATA MASATO

1987年6月23日生まれ
沖縄県宜野湾市出身
入団／2019年

吉本新喜劇65周年を迎えて

真っ直ぐに
突き進むのみ!!

筒井亜由貴
TSUTSUI AYUKI

1993年12月25日生まれ
群馬県出身
入団／2017年

吉本新喜劇65周年を迎えて

今年の目標。
動く。挑戦する。
新しいバイク買うー!

辻本茂雄
TSUJIMOTO SHIGEO

1964年10月8日生まれ
大阪府阪南市出身
入団／1989年

吉本新喜劇65周年を迎えて

これからも
吉本新喜劇で笑って
元気になったら
ど~や!

中條健一
CHUJO KENICHI

1965年3月17日生まれ
兵庫県神戸市出身
入団／1992年

吉本新喜劇65周年を迎えて

66周年に向けて
これからも
頑張ります!

西川忠志
NISHIKAWA TADASHI

1968年4月20日生まれ
大阪府箕面市出身
入団／2009年

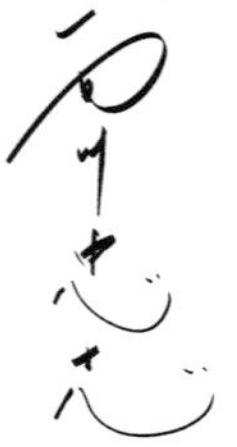

吉本新喜劇65周年を迎えて

感謝

新名徹郎
NIINA TETSURO

1982年5月22日生まれ
大阪府吹田市出身
入団／2008年

吉本新喜劇65周年を迎えて

にーな、なーにを
流行らせる!!

永田良輔
NAGATA RYOSUKE

1977年2月22日生まれ
奈良県奈良市出身
入団／2017年

吉本新喜劇65周年を迎えて

65周年も自分らしく
一生懸命頑張ります!

服部ひで子
HATTORI HIDEKO

1982年10月20日生まれ
愛知県名古屋市

入団／2008年

吉本新喜劇65周年を迎えて

100周年も一緒に
迎えられるように
頑張ります&長生きします!

はじめ
HAJIME

1963年7月23日生まれ
大阪府岸和田市出身

入団／1995年

吉本新喜劇65周年を迎えて

還暦からの
パワーアップ

野崎塁
NOZAKI RUI

1995年11月29日生まれ
埼玉県富士見市出身

入団／2019年

吉本新喜劇65周年を迎えて

65周年が
きたあああ!!

前田真希
MAEDA MAKI

1979年7月28日生まれ
大阪府大阪市出身

入団／2005年

吉本新喜劇65周年を迎えて

全てに
感謝です!

ボンざわーるど
BON THE WORLD

1979年6月14日生まれ
大阪府大阪市出身

入団／2020年

吉本新喜劇65周年を迎えて

座長に
なるぞー!

平山昌雄
HIRAYAMA MASAO

1974年12月9日生まれ
兵庫県尼崎市出身

入団／2001年

吉本新喜劇65周年を迎えて

これからも、
精一杯、
頑張ります!

松浦真也
MATSUURA SHINYA

1976年7月18日生まれ
京都府京都市出身

入団／2005年

吉本新喜劇65周年を迎えて

光の、その先へ。
あの扉の、向こうまで。
(C/D/D#dim/Em/Am/D/G)

松浦景子
MATSUURA KEIKO

1994年4月20日生まれ
兵庫県伊丹市出身

入団／2015年

吉本新喜劇65周年を迎えて

バレエ大好き!

前田まみ
MAEDA MAMI

1982年2月4日生まれ
大阪府大阪市出身

入団／2006年

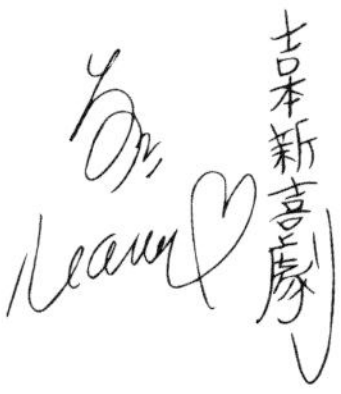

吉本新喜劇65周年を迎えて

70年、75年と
繋げていけるように
がんばります!

Mr.オクレ
MR.OKURE

非公表
兵庫県明石市出身

入団／2004年

吉本新喜劇65周年を迎えて

あほ~

松元政唯
MATSUMOTO MASATADA

1993年10月17日生まれ
大阪府大阪市出身

入団／2017年

吉本新喜劇65周年を迎えて

65周年は髭と
適度な付き合いで
頑張っていきます!

松本慎一郎
MATSUMOTO SHINICHIRO

1982年3月29日生まれ
大阪府大阪市出身

入団／2015年

吉本新喜劇65周年を迎えて

祝65周年!!
吉本新喜劇に
貢献できるように、
全力で頑張ります!!

森川隆士
MORIKAWA RYUJI

1967年4月25日生まれ
大阪府出身

入団／2020年

吉本新喜劇65周年を迎えて

毎度、おいど、
森川隆士に、
おまかせなはれ!

もじゃ吉田
MOJA YOSHIDA

1985年2月18日生まれ
北海道滝川市出身

入団／2014年

吉本新喜劇65周年を迎えて

65周年!
もじゃ吉田の動きに
大注目してください!

未知やすえ
MICHI YASUE

1963年8月7日生まれ
大阪府東大阪市出身

入団／1984年

吉本新喜劇65周年を迎えて

健康第一!!

森田まりこ
MORITA MARIKO

1981年2月11日生まれ
兵庫県丹波篠山市出身

入団／2006年

吉本新喜劇65周年を迎えて

祝!65周年!感謝!
65周年!あのね、
65周年目も、
私、ゴリっちゃう!
モハハハハ

森田展義
MORITA NOBUYOSHI

1975年10月2日生まれ
京都府京都市出身

入団／2005年

吉本新喜劇65周年を迎えて

バービー人形と同い年の吉本新喜劇。日本でメートル法が完全実施された数ヶ月後、吉本新喜劇が誕生し、そして、その8日後にバービー人形が誕生した。同じ年に生まれたものとして認知度としてまだまだな気が致します。バービー人形に負けないぐらい世界的な存在を目指して、メートル法では計れないぐらいデッカいものにしていきたいんですねぇ～…はぁい😆

もりすけ
MORISUKE

1986年3月17日生まれ
愛媛県上浮穴郡出身

入団／2014年

吉本新喜劇65周年を迎えて

新喜劇の
愛媛支部は
僕に任せてください!

安尾信乃助
YASUO SHINNOSUKE

1967年7月16日生まれ
兵庫県神戸市出身

入団／1989年

吉本新喜劇65周年を迎えて

頑張ります か?

安井政史
YASUI MASAJII

1982年1月28日生まれ
熊本県熊本市出身

入団／2007年

吉本新喜劇65周年を迎えて

九州新喜劇も
観てくれなきゃ
イヤ～ん!!

諸見里大介
MOROMIZATO DAISUKE

1982年7月21日生まれ
沖縄県島尻郡八重瀬町出身

入団／2012年

吉本新喜劇65周年を迎えて

吉本新喜劇
65周年!
やばぁぁいねぇぇ!

山田亮
YAMADA RYO

1974年1月27日生まれ
広島県広島市出身

入団／1997年

吉本新喜劇65周年を迎えて

健康で
長生きしましょう!

山田花子
YAMADA HANAKO

1975年3月10日生まれ
大阪府堺市出身

入団／1992年

吉本新喜劇65周年を迎えて

私は35周年よ!
ベテランになったわ～

やなぎ浩二
YANAGI KOJI

1942年4月26日生まれ
兵庫県西宮市出身

入団／1970年

吉本新喜劇65周年を迎えて

65周年
一緒に楽しみましょう!

湯澤花梨
YUZAWA KARIN

1998年3月25日生まれ
大阪府箕面市出身
入団／2018年

吉本新喜劇65周年を迎えて

65周年を座員として
迎えることができて、
とっても嬉しいです!
皆さん一緒に楽しみましょう!

佑希梨奈
YUKI RINA

非公開
大阪府大阪市出身
入団／2018年

吉本新喜劇65周年を迎えて

これからも
頑張ります♪

山本奈臣実
YAMAMOTO NAOMI

1983年3月15日生まれ
兵庫県神戸市出身
入団／2003年

おにぎりは
鮭が
1番です

吉本新喜劇65周年を迎えて

祝60周年
バンザイ! バンザイ!
バンザイ!
これからも明るく楽しく!

吉田ヒロ
YOSHIDA HIRO

1967年8月4日生まれ
兵庫県神戸市出身
入団／1989年

吉本新喜劇65周年を迎えて

一個・十個・百個・千個
新喜劇最個～(笑)

吉岡友見
YOSHIOKA TOMOMI

1980年5月9日生まれ
兵庫県三田市出身
入団／2012年

吉本新喜劇65周年を迎えて

健康第一で
ブレずに進みます!

よこっちピーマン
YOKOTCHI PIMAN

1995年9月18日生まれ
岩手県花巻市出身
入団／2018年

まんずー
ねまってけろ

吉本新喜劇65周年を迎えて

新喜劇の65周年という
長き歴史の一部に、
ピーマンが紛れ込むことができて光栄です!
ツアーなどをきっかけに、
より岩手で新喜劇が
浸透するようにこれからも頑張ります!

若井みどり
WAKAI MIDORI

1946年7月29日生まれ
大阪府大阪市出身
入団／2007年

吉本新喜劇65周年を迎えて

まだ
生きています✌

レイチェル
RACHEL

1983年12月30日生まれ
埼玉県上尾市出身
入団／2008年

たのし…!!!
とか言っちゃって〜

吉本新喜劇65周年を迎えて

とにかく、
たのしぃーーーコトだけを
考えて頑張ります!!

これからも
劇場や
TVの向こう側で
待ってるで～～～

YOSHIMOTO SHINKIGEKI
65
吉本新喜劇65周年

制作・マネジメント
柳川雅嗣（吉本興業）
松井直人（吉本興業）
管家愛（吉本興業）

編集・進行
竹内厚（Re:S）
矢羽田佳奈（吉本興業）

編集協力
小谷洋介
宮崎高章
根宜利彰

執筆
中野純子　P51-58／P60-66
松尾美矢子　P74-79
廣田彩香　P24-28
仲谷暢之（アラスカ社）　P39-45／P68-73
鈴木工　P46-50

写真
矢橋恵一　表紙／P5-23／P30-38／P60-66
島田勇子　ステッカー／P51-58
神藤剛　P46-50
倉科直弘　P74-79
佐伯慎亮　P24-28

デザイン
和田匡弘（WADA）
タナカタツヤ　P51-58／P60-66／P74-79

プロモーション
平岡伴基（吉本興業）
岡本麻有（吉本興業）

協力
ご祝辞をくださった皆様

吉本新喜劇65周年記念 official book
2024年7月19日　第1刷発行

発行人　藤原寛
編集人　新井治

発行　ヨシモトブックス
〒160-0022　東京都新宿区新宿5−18−21
TEL　03-3209-8291
発売　株式会社ワニブックス
〒150-8482　東京都渋谷区恵比寿4-4-9 えびす大黒ビル
TEL　03-5449-2711
印刷・製本　シナノ書籍印刷株式会社

ISBN 978-4-8470-7465-3